Annemarie Schwarzenbach

Winter in Vorderasien

Tagebuch einer Reise

Mit ausgewählten Fotografien

Lenos Verlag

Winter in Vorderasien erschien erstmals 1934 im Rascher Verlag, Zürich. Die vorliegende Fassung ist eine ungekürzte Wiedergabe des Textes der Erstausgabe. Satzzeichenfehler sowie einige stilistische Mängel wurden korrigiert, die Schreibweisen mancher geographischer Namen angepasst.

MIX
Papier | Fördert gute Waldnutzung
FSC® C083411

Erweiterte Neuausgabe
Erste Auflage 2023

Satz und Gestaltung: Lenos Verlag, Basel
Fotografien: Bildnachlass Annemarie Schwarzenbach, Schweizerisches Literaturarchiv, https://commons.wikimedia.org/wiki/Category:CH-NB-Annemarie_Schwarzenbach
Printed in Germany
ISBN 978 3 03925 032 5

www.lenos.ch

Winter in Vorderasien

Inhalt

Istanbul

15. Oktober 1933

Die Griechen haben das Wort erfunden, schwer und volltönend wie eine farbige Abendstunde vor dem Erlöschen: Melancholie. Der Balkan war voll davon – nur eine Ahnung liess uns die flüchtige Durchfahrt von Ländern, Grenzen, Gebirgen und Hauptstädten –, aber welche unerlöste Folge von Stunden, welch langsamer Abend, welches Einschlafen unter dem Druck dieser grauen Berge und bräunlichen Ebenen! Schafherden weideten überall, die Maisfelder standen in herbstlicher Dürre. Die Bauern sandten unverständlich schweigsame Blicke unserer verschlossenen Wagenreihe nach, die Frauen verbargen ihre vorgewölbten Leiber unter dickgefütterten Jacken, ihre zerfurchten Klagegesichter unter dunklen Kopftüchern.

Ich versuchte, mich an die Namen der grossen Bulgarenzaren zu erinnern, der blutigen Schlachten mit den Byzantinern, an die türkischen Eroberer.

Da begann an einem elenden Bahnhof eine Bläserkapelle zu spielen. Es war schon dunkel, die Leute standen im Wind und bliesen, während der Zug sich in Bewegung setzte … ein Volkslied vielleicht … traurig und verloren wehten die Töne uns nach.

Heute morgen erwachten wir dann in einer neuen, urfremden Landschaft. Diese kahlen Hügelreihen, dieses Steppengras, diese zu weissen Wolken, von Windstössen gejagt – das war schon Asien, begrüsste uns schon wie rauher Nomadenschrei. Hirten, in Pelze gekleidet, die lange Flinte über der Schulter, jagten wie besessen auf ihren kleinen Pferden neben dem Bahngeleise her, während die Ochsen in träger Ruhe mit breiten Hörnern und hellem Fell in der Morgensonne lagen. Bald tauchte das Meer auf – eine tiefblaue Bucht –, leuchtend wie drüben an der verwandten Küste Südfrankreichs; hinausblickend wusste man: unendlich weit jenes geliebte Europa und fühlte sich wehmütig angerührt.

Mauern tauchten auf, byzantinische Reste, gegen Meer und Land gewendet. In ihren Breschen und Höhlen hatten Hirten ihre Zeltdächer aufgespannt, kleine Rauchsäulen stiegen schwankend in den bewegten Himmel. Und plötzlich war es Stambul, das mit Kuppel und Nadeln der Hagia Sophia (ein Kindheitstraumbild), mit glänzenden Ufern, Schiffen, Segeln und einem Meer weisser Häuser, von hellblauem Dunst verschleiert, aus der Spiegelflut emporstieg …

Man wird in den Strassen der Stadt vom Eindruck des Zeitlosen, Ungewissen und Preisgegebenen überfallen wie von einer Versuchung. Wie oft spielt man mit dem Gedanken, das gewohnte Dasein an einer Stelle willkürlich abzubrechen, sich von den alten Orten, Freunden, Tätigkeiten zu trennen, in Anonymität unterzutauchen – und wie weit ist man stets wieder von dieser Versuchung des Schicksals entfernt!

Hier, die Stadt an der Grenze Asiens, die Meerespforte, das glänzende Schwert zwischen Osten und Westen: sie ist wie eine Drohung überpersönlicher, ja übermenschlicher und zeitloser Abläufe.

Hier werden Völker aus den östlichen Ebenen gesammelt und hinübergeworfen nach Europa, Religionen formen und scheiden sich und erstarren zu goldenem Bilderdienst. Hier landen Flotten, werden demütige Kreuzritter zu Thronräubern und östlichen Herrschern, Hellenen und Barbaren folgen aufeinander, und nichts ist der einzelne oder ein Porphyrogennetos …

Wir waren in den Moscheen, Basaren und Handwerkervierteln. Wir sahen Bettler, kleine Mädchen, Wasserträger, Blinde und Betende, Popen, Makler, Fischverkäufer, Truthahntreiber – wir sahen all das Längstbekannte: den farbigen Orient, das Nie-ganz-zu-Erfahrende. Vielleicht ist es uns gelungen, eine gute Aufnahme des alten Mannes zu machen, welcher im Hof der Beyazıt-Moschee sitzt: in einem hellroten, zerschlissenen Seidenmantel, die Hand zum Handeln und Geldeinnehmen ausgestreckt wie zur würdigsten Verrichtung und einen Weisheitsblick auf uns richtend, voll schmerzerfahrener Gelassenheit und ganz ohne Hohn.

Auch alte Frauen haben oft diesen Blick – man erinnert sich dann daran, dass die Türken ein Herrenvolk waren und Levantiner und Griechen, auch Ägypter, für sich handeln liessen.

Im grossen Basar war es sehr still. Die Leute priesen ihre Waren kaum zweimal an und liessen uns weitergehen – bis in die tiefsten und dunkelsten Gewölbe, wo Messingtöpfe, Lampen und Schwertklingen aus dem Dunkel der Nischen leuchteten …

Dort sassen alte Männer neben zerlumpten Knaben, deren Augen wie Tieraugen glühten – sie schwiegen oder wiegten sich ein wenig und sangen. Manchmal hatten sie, zu Haufen aufgestapelt, alten Hausrat, darunter schöne, wenn auch meistens verdorbene und erblindete Stücke.

In alten Büchern sah man Miniaturen, deren zarte Goldlinien kaum noch erkennbar waren im vergilbten Papier; feingeflochtene Armbänder mit Türkisen und Korallen, wunderbar nebeneinander anzusehen; alte Klingen, zerbrochene Teller, in Farben bemalt, die man heute nicht mehr finden würde; russische Ikonenbilder mit rötlichgoldenen Heiligengesichtern und grossäugigen Gotteskindern; köstlich bestickte Fetzen alter Leinwand; irgendwo, in einem besseren Laden, einen türkischen Frauenmantel, schilfgrün und golddurchwirkt, mit offenem, stehendem Kragen, weiten, lang zulaufenden Ärmeln, für ein schlankes, hochgewachsenes und schmalschultriges Mädchen bestimmt.

Gegen Abend waren wir wieder auf dem grossen, grasbewachsenen Platz der Süleymaniye. Der Himmel, an dieser Stelle wie ein Baldachin über dem gobelingestickten Gemälde vom Goldenen Horn, über langen Brücken, angehäuften Barken, dem Galataturm und der ansteigenden Stadt Pera, den grünen Gärten des Serails, den blauen, bewegten Flächen des Bosporus, den reichen Ufern und Inseln und den gelben Küstenzügen, die schon Anatolien, Steppe, Asien aus der Ferne beschwören ...

Ein Gebetsrufer sang von einem der weissen, leuchtenden Minarette. Seine Stimme hallte klagend, schwebte langsam von der Höhe herab, verklang, als er sich auf die andere Seite des Turmes wandte. Drüben, über Galata und Beyoğlu, stieg ein leichter Nebel auf und verhüllte die Häusermassen. Auf unserer Seite war die Luft durchsichtig, leicht bewegt und kühl. Wir sahen auf die runden Bleikuppeln der alten Volksküchen des Kalifen hinunter, in die enge Strasse, wo die Schmiede in den Mauerarkaden ihre dürftigen Werkstätten eingerichtet hatten. Ihr Hämmern tönte dumpf, daneben Klappern von Eselhufen und Holzsandalen und langgezogene Abendrufe der Strassenhändler. Ein Mann ging langsam über den Platz, eine Katze auf dem Nacken. Als er sich an einem der Brunnen die Füsse wusch, miaute sie ängstlich, sprang herab und strich durch das niedere Gras davon.

Die Gerüche in der Handwerkerstadt waren so durchdringend, dass mir beinahe übel wurde. Nicht nur Fische in flachen Körben: blauschillernde, grosse Tiere; nicht nur tausend Gewürze, Fleischmassen, Öle, Käse- und Quarkbuden, Melonen, Pfeffersäcke, Bier, gärender Traubenmost; nicht nur ungezählte Garküchen mit ihrem penetranten Hammelfettgeruch, ihren dampfenden Herdlöchern, Tomaten- und Fleischschüsseln, alles in gelber Fettsauce schwimmend – daneben noch, auf der Strasse, in den Buden und Werkstätten, kleine offene Feuer, Pfannen mit Gesottenem und Gebratenem, Fischkoteletts, überzuckerten Klössen, in Öl gedrehten Auberginen: ein erstickender Schwall schwerer Gerüche neben Staubwolken, Schmiederuss und feuchtem Wäschedampf. In den Fenstern der Garküchen sah man manchmal, neben Hühner- und Taubenleichen, nackte Hammelköpfe mit leeren Augenhöhlen wie heidnische Symbole über den dampfenden Schüsseln aufgerichtet.

Inmitten der Handwerkerstadt fanden wir die kleine Moschee, zu der eine Treppe zwischen den Häusern und Läden emporführt. Wir zogen die Schuhe aus und gingen hinein; ein Raum von unendlich reinen Ausmassen und beruhigender Wirkung empfing uns. Wände und Säulen waren ganz mit den köstlichen blauweissen Fayencekacheln verkleidet: eine Ablenkung zuerst, sanfte Verwirrung stiftend – dann aber hinüberleitend zu Abstraktion und Andacht.

Ein Türke zeigte mir einen alten, handgemalten und handgeschriebenen Koran. »Nur so lange darf man an dem heiligen Buch schreiben«, sagte er mir, »als man sich vom Denken fernhalten kann. Sobald der Gedanke die innere Ruhe stört, muss man mit der Arbeit abbrechen.«

Um die Abendstunde kamen viele Leute in die Moschee: alte Männer, Zerlumpte und phantastisch Gekleidete, ehrbare Handwerker und fettleibige Händler, Aristokraten und Gaunergesichter. Niemand beachtete uns. Durch die offenen, vergitterten Fenster drang der Lärm der Strasse, Geschrei, Zank, Anpreisung und Feilschen herauf. Die Alten aber, auf hellen Teppichen kniend, verrichteten in tiefer Ruhe ihre mannigfachen Gebetsübungen.

Ankara

26. Oktober 1933

Asphaltstrassen führen von der neuen Hauptstadt in die Steppe und die Anstiege und Schluchten aus braunem, unbewachsenem Erdreich. Unendliche Farbenskalen spielen an fernen Horizonten, der Himmel selbst ist so gross wie über dem Meer und spannt sich, ein durchsichtig seidenes Gewölbe mit langen Wolkenstreifen, über dem trostlosen Land.

Es ist eine öde Hochgebirgslandschaft: Zwischen den letzten flachen Gipfeln der Welt führt die Strasse ins Unbekannte, wo man ewig im Kreise geht …

Manchmal gibt es eine Wasserader, ein bescheidenes Rinnsal; da grünen einige Büsche, neigen sich schwache Bäume, wächst ein zarter Rasenteppich: Leben und Wachstum genug; ein Pferd weidet am Bachufer, sein Reiter liegt im kleinen Schatten und schläft. Weiter draussen, in einem Becken zwischen Felshügeln, wird das grosse Stauwerk der Stadt Ankara gebaut. Eine Mauer aus Eisenbeton wächst gewaltig empor, aber das Wasser ist noch nicht gefunden, welches das Becken füllen soll. Nun wartet die Mauer, ein verirrter Gigant.

Als wir im Ford, der sinkenden Sonne entgegen, heimwärts fuhren, erblickten wir von weitem die ersten Kamele.

Sie standen in langer Kette auf einem Hügelrücken, dunkel und gross im leeren Himmel. Wir riefen Hassan zu, dass er halten solle, sprangen aus dem Wagen und liefen die Anhöhe hinauf. Die Tiere standen und lagen, einige reglos, andere bewegten beim Fressen die sonderbaren Langhälse auf und ab, taten ein paar Schritte und liessen sich in die Knie nieder.

Als ich mich einem Kamel bis auf zwei Meter genähert hatte, um es zu fotografieren, wandte es mir sein uraltes Faltengesicht mit feuchtglänzenden Augen zu und folgte mir; ich fühlte seine wiegende Grösse in meinem Rücken.

Die Treiber, Mongolentypen, lachten uns an. Als wir, ausser Atem, wieder beim Wagen anlangten, war der Hügel schwarz, und die gereckten Hälse und dunklen Höcker schienen leuchtend umrissen wie auf überbelichteten Filmbildern.

Es ist die Zeit der grossen Kamelkarawanen, die zum Salzsee aufbrechen und durch die einsamen Hochebenen das weisse, im Sommer verkrustete Salz zu den Städten der Menschen bringen. Ein Aufbruch ohne Kalender, dem Zug der Vögel vergleichbar und den Wanderungen der Tierherden. Denn solche Völker, umgeben von einer kargen und übermächtigen Natur, bewahren sich das Gefühl für Notwendiges und die fromme Abhängigkeit von den Mächten der Erde und des Himmels. Da wird das einzelne Leben geringer bewertet, man handelt ohne Eile und Ehrgeiz; was aber mit den grösseren, von natürlichen Bedürfnissen vorgeschriebenen Handlungen zusammenhängt, tut man ernst und unwandelbar, wie einen religiösen Akt.

Drei Tage brauchen die Kamele von hier bis zum Salzsee. Langsam, wiegend, begleitet vom Ruf ihrer Treiber und dem dumpfen Klang der Glocken, ziehen sie zwischen den meergleichen anatolischen Hügeln hindurch, während oben die Flugzeuge pfeilgeschwind vom Bosporus herfliegen und täglich die Diplomaten aus der ganzen Welt mit dem Taurus-Express eintreffen: Sie verlassen den Zug am kleinen, windigen Bahnhof, werden von neuen Autos in die neue Stadt gefahren; die Räume des *Ankara-Palace* füllen sich, Wiener spielen Johann Strauss in roten Fräcken; draussen beflaggen eifrige Pfadfinder alle Strassen und Gebäude, ein blutroter Block mit Hammer und Sichel steht drohend an einer Kreuzung … und Soldaten, Soldaten kampieren rings um die Stadt, in runden weissen Zelten, die der Nachtwind schüttelt, in rasch errichteten Baracken, in offenen Lagern.

Dies sind die Vorbereitungen für den 29. Oktober, den Festtag der jungen türkischen Republik. Eine Hymne wird gesungen: Jeder Bauer, jeder Soldat, jeder Schuljunge weiss sie auswendig. Nadolny kommt aus Berlin, Titulescu aus Bukarest, und Litwinow schickt seine Vertreter, junge Russen in feldgrauen Blusen … und alle erleben staunend das Schauspiel der Stadt Ankara, die, so versichert man uns, das schlagende Herz der Türkei sein wird. Da thront noch die Burg mit mächtigen dreigekanteten Seldschukenmauern auf dem Hügel, häufen sich die steilen Gassen des alten, dörflichen Angora; eine Moschee lehnt sich an die Ruine des Augustus-Tempels …

Unten aber wächst die Stadt in die Ebene und erobert sie, Strassen laufen asphaltiert und ohne Ziel und verlieren sich als Feldwege in den Hügeln; eine Promenade führt, kilometerweit, in das Regierungsviertel, wo das Innenministerium Holzmeisters breit die Front beherrscht; davor wird ein Forum entstehen, man wird Obelisken aufrichten, links davon sollen, in kurzer Zeit, die Ministerien von Handel, Industrie, Landwirtschaft ihre Plätze einnehmen.

Unheimlich ist dies alles, sinnlos, imponierend wie die Ereignisse einer Film-Wochenschau. Der Mensch greift ein …

Und nun rollen des Nachts hölzerne Taxicabs durch die dunklen Strassen, elegante Frauen lassen sich vom *Palace* zum *Club* bringen; unter viel Gelächter, »denn bei uns«, sagen sie, »werden die Kälber in solchen Wagen befördert«.

Sie erschauern ein wenig und verstummen, als man unter dem Russenblock hindurchfährt, wo Arbeiter in rötlichem Lampenschein die Dekorationen für den Aufzug der Tausenden fertigstellen.

Dies alles ist Ankara, der steingewordene Wille des Gazi. Ein paar Stunden davon, in der Steppe, ein anatolisches Dorf.

Man stelle sich einen Hügel vor, von unregelmässigen, rohen Grabsteinen bedeckt. Dahinter die Sonne, verhüllt und milchig. Einen gelben Schäferhund, feig wie die Hunde im Orient, der schattenhaft rasch zwischen den Gräbern hindurchläuft. Einige Stellen aufgewühlt: Knochen, ein Schädel. Wenn man sich umwendet, sieht man unten und den jenseitigen Hügel hinangebaut das Dorf. Graue Lehmbauten, in der Farbe des Bodens. Ein grauer, metallener Himmel, Wolken, vom scharfen Wind vorübergejagt. Ganz oben steht ein Greis unter der offenen Türe seines Hauses und hebt die Hand an die Augen. Dann wütendes Gebell, und um die Ecke biegen Reiter, zehn oder zwanzig, in eine Staubwolke gehüllt. Sie singen laut, während sie den Hügel hinabtraben. Unten springen sie von ihren kleinen Pferden, immer noch singend: die neue Hymne für den 29. Oktober. Ihre Pferde tragen schwere Sättel, buntbestickte Satteltaschen, Mäntel, rote Schlafsäcke. Um den Hals blaue Perlenketten, als Schutz gegen böse Geister.

Jetzt belebt sich das Dorf. Die Frauen, in langen Hosen, das Gesicht unter gelben Tüchern verborgen, schauen aus engen Hoftüren. Die Männer stehen in einem Haufen beisammen, reglos. Sie wechseln mit den Reitern kein Wort, gehen ihnen nicht entgegen. Der Wind weht ihnen Staub und Sand ins Gesicht. Sie sind dunkelbraun, rasiert, flachäugig. Alle in Lumpen gekleidet, ihre Kleider waren nie neu. An einer Hausmauer sitzen die kleinen Knaben in einer langen Reihe. Die Mauer schützt sie vor dem Wind. Sie sitzen still nebeneinander und beobachten die Reiter. Grössere haben die Pferde am Halfter genommen und führen sie umher. Die Reiter stehen auf dem freien Platz und singen.

Aus einer der Lehmhütten kommt ein Mann und fragt, ob wir Kaffee haben wollen. Herr W. unterhält sich mit ihm. »Wohin gehen die Reiter?« fragt er.

»Sie kommen aus Kalecik und reiten nach Ankara zum Fest.«

Kalecik ist eine alte Stadt, sie hat einen Burghügel, der wie eine Basaltpyramide emporsteigt; oben sieht man die Reste der Seldschukenfestung. Unten liegt die Stadt. Die Reiter haben einen ganzen Tag bis in dieses Dorf gebraucht. Morgen werden sie in Ankara sein.

Wir trinken den heissen Kaffee. Der Greis ist von seinem Haus heruntergekommen und unterhält sich mit Herrn W. Die anderen Männer hören schweigend zu. Dann steigen wir in unser Auto und fahren weg.

Es wird Abend. Wir fahren an den Arbeitern vorbei, die die Strasse verbessern. Sie laden jetzt ihre Betten auf die kleinen Esel, nehmen die Schaufeln auf den Rücken und ziehen die Strasse entlang. Viele kampieren schon im Feld, sie schichten die Betten auf, kauern um ihr Feuer und warten auf die Dunkelheit. Viele singen und jauchzen uns zu. Und immer wieder überholen wir Reiter, Bauern, Greise, Jünglinge, die nach Ankara unterwegs sind. Einmal im Leben wollen sie den Gazi sehen …

Einem biblischen Brunnen begegnen wir. Da fliesst Wasser in einen schmalen, langen Trog; dahinter eine Mauer, zwei Bäume, ein wenig Gras. Frauen sitzen am Trog, verhüllt, auf ihre Tonkrüge gestützt.

Von einer Anhöhe aus überblicken wir das gelbe Land. An den Hügeln lagern wie weisse Schatten grosse Schafherden. Das Licht bricht sich an den Wolken, eine eigentümliche Nachthelle erfüllt den Himmel, anwachsend bis zu sanfter Mondklarheit. Dann ist es Nacht. Kurden lagern an der Strasse, ihre Weiber hocken um runde Kupferkessel, deren Rand, eine kreisrunde Scheibe, über dem dürftigen Feuer leuchtet.

Von weit her tönt das kreischende Drehen der »Nachtigallen«, der geduldige Gesang der Ochsenkarren seit hundert und tausend Jahren auf allen Wegen des grossen Landes. Esel trotten, verhüllte Frauen mit Säuglingen tragend – stumm und eilig ziehen sie vorüber, dem Heiligen Land zu.

Aber wer weiss wirklich, wohin die Strassen führen, und wer kennt die Namen der Städte, der uralten, versunkenen und wiedererstandenen?

Der Weg wird sich ausdehnen, die Strasse sich endlos über Hügel wellen, immer am Horizont der rötliche Glanz der namenlosen Stadt. Und Esel, Kamele, Reiter werden vor uns herziehen, hinter uns auf allen Wegen die schwarzen Ochsenkarren aufbrechen; ihr Gekreisch wird vielfältig sein, und das Echo der Felstäler wird es verhundertfältigen. Nun ist es schon ein gewaltiger Aufbruch, selbst das Land setzt sich in Bewegung, die Hügel drehen sich um ihre Achse in einer sanften, schwingenden Kreisellinie, die steinigen Bachbetten eilen wasserlos, aber wie von Wellen auf und nieder gehoben; die bebauten Felder schrumpfen ein, die jungen Kulturen vertrocknen, die Bäume werden gelb und neigen sich schweigend dem Steppenboden zu; aber der Steppenboden selbst streckt gelbe Zungen aus, die fressen sich wie sickerndes Wasser und wandernde Flamme bis in die namenlosen Städte-Strassen; nun schiesst Unkraut aus den Ritzen der Pflastersteine, nun fallen die Gebäude langsam in Schutt, Staub hüllt die sinkenden Mauern ein, die Leute leben noch, essen in den Lokalen unter erblindeten Fensterreihen; über ihnen droht die Burg: die Kurden, die Verschleierten, die Räuber, die Bettler kommen hügelabwärts, breiten sich aus wie Fledermäuse, singen ihre traurigen Gesänge – da rumpeln die Ochsenkarren an, da ist die Steppe wieder in der Stadt; noch stehen die Soldaten, die eisern Gehorsamen, aber Unruhe ergreift sie vor ihren hölzernen Wachthäuschen, sie sehen: ein Sturm trägt ihre runden Zelte fort, sie stehen auf verlorenen Posten und warten auf das Signal der Ablösung, das niemals ertönen wird …

Die Europäer fürchten sich in diesem Land. Keiner von ihnen wird heimisch; daran ändern Jahre nichts.

Man stellt ihnen grosse Aufgaben, sie lösen sie, ohne dass der Erfolg sie zufriedener macht.

Als man, vor einigen Jahren, in Ankara noch täglich Schaffleisch oder Hühner zu essen bekam, gerieten die Herren einer bedeutenden Firma eines Abends an den Eisschrank, aus dem sie Selterswasser holen wollten: Statt der Flaschen fanden sie darin, sorgfältig gerupft und zusammengebunden, die Hühner für das Mittagessen des nächsten Tages. Die Herren rissen die Hühner heraus und schleuderten sie in einem sinnlosen Zornanfall an die frisch getünchten Wände ihres Speisezimmers. Es war eine Hassorgie …

Seither kann man in Ankara Schweinebraten und Apfelstrudel essen wie in Wien. Man lässt nichts mehr an den Hühnern aus.

Man hat hübsche Wohnhäuser, Tennisplätze, einen Klub, gute Pferde. Man besitzt noch dies und jenes, und man lebt in einem Land, welches an seine Zukunft glaubt und an die

Güter der Vernunft, der Zivilisation und des Fortschritts, die man in Europa so erniedrigend preisgibt.

Das Land wird von einer Auswahl geistig hochstehender Männer regiert, von aufrichtigen Demokraten, die kein anderes Ziel kennen, als ihr Volk möglichst bald mündig zu machen.

Und die Europäer, die man beruft, um an dieser Aufgabe mitzuwirken, dürfen glauben, dass sie bald überflüssig werden. Keiner zweifelt an dem Land, am Volk. Aber jeder zweifelt an seiner Aufgabe. Das ist die Furcht …

Ich kam gestern erst in der Dunkelheit von einem Spaziergang zurück. Es wird hier so rasch Nacht und ganz anders als in unsern Ländern: mit einem Konzert von Farben, die strichweise den Himmel überfluten, und dies mit solcher Gewalt, dass unter ihnen Hügel und Täler es gleichsam erschauernd über sich ergehen lassen.

In Europa beansprucht uns die Natur fast niemals unfreiwillig, und wenn einmal ein Gewitter unerwartet und mit grosser Macht ausbricht, sind wir davon betroffen wie von einer übernatürlichen Äusserung.

Hier ist die Natur immer gegenwärtig und stets stärker als die Menschen.

Als wir gestern am frühen Vormittag draussen bei der Zementfabrik auf die Pferde warteten, die von den Burschen herausgeführt werden sollten, äusserte sich dies augenfällig und eindringlich. Es waren viele Personen mitgekommen: die Damen von den Gesandtschaften, Kinder, Diener, Burschen. Man unterhielt sich und rauchte; ein fahrendes Buffet wurde eingerichtet, die Zeit verging.

Da erschienen plötzlich, weit drüben auf der Anhöhe, die Pferde. Sie tauchten über den Hügelrand empor, eine Schar von dreissig Tieren, dunkel, sonderbar gross, umwettert von weissem Licht, versanken dann wieder in den Schatten und trabten durch den glatten Talgrund auf uns zu.

Wir galoppierten; endlos schien der sanfte Wechsel von Hügel und Ebene, von abgeernteten Feldern und trockenen Sandflächen voll hoher Disteln, über welche die Pferde mit kleinen Sprüngen hinwegsetzten.

Wir ritten schnell genug, ein scharfer Wind pfiff und sauste, ich fühlte mich von allem Missbehagen befreit und fragte mich, was hier den Fremden, den Europäern nicht geheuer sein könne.

Da sah ich über mir einen Falken in grossem Kreis durch das Gewölbe schweben. Einen Augenblick verwirrte mich das Licht – der Flügel des Vogels wuchs und verdeckte den leuchtenden Himmel wie die Sonnenscheibe der Mondschatten. Ich sah auf, da schwebte der Vogel wieder reglos in der Höhe. Das war die Gefahr, dachte ich, fand mich ein wenig abseits von den anderen und trabte zu ihnen zurück.

Ritt auf den Hüseyin Gazi

Ankara, 20. November 1933

Das Grabmal Hüseyin Gazis, ein weithin verehrtes Heiligtum, liegt auf dem Berg, der seinen Namen trägt und sich vierzehnhundert Meter über dem Meeresspiegel und fünfhundert über der anatolischen Hochebene erhebt. Noch vor wenigen Jahren wurden drei Schweizer, die den Berg bestiegen hatten, auf dem Rückweg von Hirten verfolgt, misshandelt und bedroht, angeblich, weil sie die *Tekke,* das Grabmal Hüseyin Gazis, betreten hatten.

Wir waren etwa zu dreissig, als wir morgens Ankara verliessen – acht von uns haben schliesslich den Gipfel erreicht und das zerstörte Heiligtum gesehen. Die anderen liessen sich von einem türkischen Führer vom richtigen Weg abbringen, gelangten auf einen falschen Berg, dem Hüseyin Gazi vorgelagert, und mussten mit ihren erschöpften Pferden umkehren.

Es war ein schöner Tag, reich an Licht und Herbstwärme. Wir ritten zwischen den Hügeln von Ankara hindurch, dem steilen Burgfelsen, der die seldschukischen Festungstürme trägt, und dem zweiten, von dem aus Timur-Leng einst die Stadt und das Heer des Sultans Bayezid überschaute, das er nachher in der Ebene besiegte.

Kurdenfrauen hockten am lehmfarbigen Fluss; ein Esel hob bei unserem Anblick den Kopf, legte die Ohren zurück und begann tief atemholend zu schreien; eine schwarzglänzende Truthahnherde geriet in Verwirrung, bis ihre Treiber sie lärmend wieder zusammenjagten. Dann ritten wir in den Fluss, bis zum Bauch versanken die Pferde in die schlammige Flut. Am Ende des Tales fanden wir eine niedere

Böschung und trabten gleich darauf in die Ebene hinaus. Hier herrschte die grosse Stille der anatolischen Landschaft. Braune Steppe, graubrauner Ackerboden, karg, von Steinen übersät; an den sanften Abhängen sah man Bauern, die hinter ihren schwarzen, breitstirnigen Ochsen herschritten, langsam den primitiven Stachelpflug führend. Von weit her kamen Soldaten in scharfem Trab, die Hufe der Pferde klapperten auf dem harten Feldweg. Die Steppe, wohin man sah, lag glänzend, ja widerspiegelnd unter dem Ansturm des weissen Lichts. Und der Himmel wölbte sich nicht anders als ein Schweizer Hochgebirgshimmel, wolkenlos und unermesslich. Wir trabten gemächlich. Vor uns, gleichsam am Rande der Welt, erhob sich die dunkle Wand des Hüseyin Gazi, zackig, flimmernd wie ein Geisterberg. Er schien sich zu entfernen, je länger wir ritten. Dann erreichten wir plötzlich seinen Fuss, sahen einen Weg, der in das graue Geröll führte, durchquerten einen grossen Acker und liessen die Pferde am Brunnen der Hirten ausruhen. Brunnen sind hier eine Art von Wegzeichen: für die Schafherden, die Ochsenkarren, die Kamelkarawanen. »Am vierten Brunnen geht der Weg ab«, sagte man uns, und dort, am vierten Brunnen, aus rötlichen Feldsteinen gemauert, trafen wir drei Männer in weissen Schafpelzen, einen Alten und zwei Junge; die sassen auf ihren steilen Sätteln und buntbestickten Taschen, und ihre Esel weideten in der Nähe. »Hüseyin Gazi Tekke?« fragten wir, und sie wiesen mit den Händen nach links, wo der Fuss des Berges flach wurde und sich allmählich mit der Steppe vereinigte.

Wir sassen auf und folgten dem Weg, immer dem Rand des Gerölls entlang, umritten so den Berg und begannen in einem schmalen Tal den Aufstieg. Es ging steil bergan, die Pferde gerieten in Schweiss; nun begann Stein und Fels, wir folgten schmalen Grasbändern und merkten plötzlich, dass wir den schwach angedeuteten Pfad verloren hatten. Zweifel erhoben sich: Welcher der drei Gipfel, die wir von der Ebene aus sahen, war der Hüseyin Gazi? Und welcher war es jetzt, dessen Spitze wir zu erreichen versuchten?

Die Pferde waren schweissbedeckt und atmeten schwer. Wir hatten Mühe, sie einen Augenblick zum Stehen zu bringen. Der steile Anstieg erschreckte sie, sie versuchten, senkrecht emporzuklimmen, statt den seitlichen Einschnitten zu folgen.

Endlich erreichten wir ein kleines, flaches Plateau, wo uns ein scharfer Bergwind empfing. Und wir sahen in die Ebene hinunter bis zum Rand der faltigen Höhenzüge, die sich, Welle hinter Welle, wie ein Meer ausdehnten, die Sonne in ihren Tälern einfingen, von scharfen Kanten zurückwarfen, ja stellenweise weiss wie Schneegebirge erschienen und mit ihrem hin und her gleitenden Farbenspiel die Augen fesselten wie bewegtes Wasser. Auf der anderen Seite, mitten in der Ebene, lag Ankara: ein Spielzeug, eine Nachbildung seiner beiden Hügel, mit winzigen weissen Häusern bedeckt – seine blitzenden Radiotürme, seine grauen Bauten, weit draussen, wie planlos in den braunen Grund gesetzt.

Wir führten unsere Pferde über den letzten Anstieg durch die Felsen bis auf die Anhöhe. Der Wind zerrte an unseren Kleidern. Zwischen den verfallenen Mauern fanden die Pferde Schutz, die türkischen Burschen bewachten sie, während wir den Gipfel erklommen und von dort die zerstörten Gebäude überblickten. Es musste eine stattliche Klosteranlage gewesen sein. Man konnte die Grundrisse noch verfolgen, zwischen den zusammengesunkenen Mauern fand man gepflasterten Boden, ein steinernes Becken für die Waschungen, ein paar überwachsene Stufen. Und dazwischen stand das Grabmal Hüseyins, noch bis vor wenigen Monaten unberührt, von einer kleinen Kuppel bedeckt. Solche heilige Stätten, befürchtet man, sind die Versammlungsorte von Unzufriedenen, Fanatikern, verjagten Mönchen, Reaktionären, die die neue Regierung hassen und als Feind ihrer heiligen Religion betrachten. Deshalb sind in Istanbul die *Tekken* der Derwische geschlossen, und selbst hier, in der windgepeitschten Einsamkeit, befand man es für nötig, das von armen Hirten verehrte Grabmal zu zerstören. Durch eine niedrige Türe konnte man ins Innere gelangen – da lag Schutt bis zur halben Höhe der Mauern aufgehäuft; man sah neben den Fenstern noch eine kleine Wandmalerei in Rot und Braun, eine Moschee, ein paar steife Bäumchen daneben, wie von Kinderhand gemalt; dazu das schöne Ornament einer türkisch-arabischen Inschrift, wohl eines Koranspruchs, und am halb zugedeckten Gitter der Türe hingen bunte Bändchen, rote und blaue: die Votivgaben der Gläubigen …

Eine Viertelstunde später begannen wir den Abstieg. Diesmal erblickten wir von oben den Pfad, der dem Bergrücken folgte, und führten die Pferde ohne Mühe bis zum ersten Acker hinunter. Dann kam der lange Ritt durch die Ebene, in mittäglicher Sonne, vor uns die anwachsende Stadt, hinter uns, allmählich wieder versinkend, der dunkle Berg des gekränkten Heiligen.

Als wir uns nach einer Stunde umwandten, krönte er wieder dunkel den Rand der beglänzten Ebene.

Kayseri

November 1933

Wir verliessen Ankara an einem grauen Novembermorgen und langten nach zwölfstündiger Fahrt im alten Caesarea an, Kappadokiens Hauptstadt.

Wir hatten den Kızılırmak überschritten, lange von seinem silbernen Band begleitet. Dann überfiel uns die Nacht, und wir fuhren durch sternloses Land.

In Kayseri gibt es seit mehreren Jahren elektrisches Licht. Der neue Bahnhof liegt ausserhalb der Stadt, eine dunkle Strasse führt hinein, wo spärlicher gelber Schein sie ankündet.

J. Bey, der Direktor der Eisenbahnen dieses Distrikts, empfing uns und führte uns in sein überheiztes Büro. Er ist ein Vertreter jener türkischen Generation, die der neue Staat einerseits zu opfern gewillt ist – denn was geschieht, gilt der Jugend – und die sich in den Dienst dieses Staatsdogmas mit bereitwilliger Begeisterung gestellt hat. Ihn und seinesgleichen unermüdlich das Wort »Zivilisation« wiederholen zu hören, dazu die Flut von Programmpunkten, Neuerungen, Fortschrittsseligkeiten, ist für uns so ernüchternd wie das Schauspiel des Defilees in Ankara am Tag der Republik; J. Bey aber empfindet daran das aufrichtigste Vergnügen. Was uns erschreckt, ist die Form, die Propaganda, die Massenverführung. Aber was gefordert wird, ist Aufklärung, Weitherzigkeit, Vernunft. Selbst wenn J. Bey zwischen Elektrizität und Schönheitskönigin, dem Bau der neuen Bahn Ankara–Samsun und dem Ankauf kitschiger europäischer Kronleuchter nicht recht unterscheidet, so schafft uns doch nicht die Kluft zwischen der »Zivilisation« J. Beys und der unsrigen so tiefes Missbehagen, sondern diejenige zwischen seiner Zuversicht und unserm Zweifel.

J. Bey gab uns einen Diener mit, der uns in das Hotel begleiten sollte. Fast lautlos trabten die Pferde über den lehmigen Boden. Vermutlich hätten wir den Erciyes Dağı, den alten Mons Argaeus, sehen können, einen weissleuchtenden Viertausender über dem Talgrund; aber wir wussten nichts davon und sassen blind unter der schwarzen, nach Leder und Pferden riechenden Decke, erblickten nur, reichlich gespensterhaft und wie von Nebel umwallt, verfallenes Mauerwerk, einen Torweg, einen Hof, eine Treppe mit hohen Stufen. Da stand ein Diener mit einer Lampe und trug zusammen mit dem Kutscher unser Gepäck ins Haus – und schon befanden wir uns in einem weissgetünchten Zimmer mit hoher Holzdecke und einem prasselnden Ofen.

Es war gerade Mitternacht.

Am nächsten Morgen, früh erwachend, glaubte ich mich zuerst in einer heimatlichen Bauernstube zu befinden. Durch die beschlagenen Scheiben sah ich Nebel und Frühlicht über den Ruinen; ein trostloser Trümmerhaufen schien dieses ganze Viertel, kaum ein Haus war zu erkennen, kaum ein Hof ohne Schutt und eingesunkene Mauerteile. Drüben, von den ersten gelben Sonnenstrahlen beschienen, ragten die düsteren Mauern und gewaltigen Quadertürme der alten Festung.

Wir tranken Tee, zogen uns warm an, J. Bey brachte ein Auto, einen leidlichen Chevrolet: den besten der Stadt.

»Das sind keine Ruinen«, erklärte er uns, »die Häuser werden absichtlich abgerissen, sie sind nichts wert, man wird alles neu bauen müssen.«

»Und die Besitzer der alten Häuser?« fragten wir.

»Man weist ihnen neue Bauplätze an und gibt ihnen Pläne, nach denen sie sich ein Haus bauen sollen.«

»Haben sie denn Geld?«

»Viele wollen nicht bauen«, sagte J. Bey, »dann kann man nichts für sie tun.«

»Man lässt sie einfach im Stich?«

»Es macht nichts aus«, sagte er, »wir haben ohnehin zuviel arme Leute im Land.« Er sprach französisch, also eine Sprache, die alles Extreme mildert, auch das, was uns barbarisch erscheint – trotzdem blieb man beeindruckt und fühlte sich erst erleichtert, als man die Stadt verliess, die einmal die Hauptstadt von Kappadokien war und ihren Namen von einem römischen Kaiser erhielt.

Wir bogen in die alte Karawanenstrasse ein, überholten Ochsenwagen und Reiter, verschleierte Frauen und Eseltreiber, der Tag wuchs, Licht ergoss sich über die Felder, vor uns lag die Ruine einer vielleicht christlichen Kirche, ein zerfallener Turm, dann ein grosser Han an einem Wasserlauf mit einigen Weidenbäumen, wo Esel und Gänse weideten und Männer um ein kleines Feuer lagen. Bunt war alles, heiter, aufbruchbereit, eilig, gemächlich, ein rechtes Landstrassendasein. Kreischend und mahlend, von unendlicher Geduld die Ochsenwagen, mit denen schon die Scharen Timur-Lengs und Süleyman Hans dieselben Wege gezogen sind: eilig und würdig die entgegenkommenden Reiter, phantastisch anzusehen in ihren schwarzen Mänteln, die wir Ertuğrul nannten, wie den türkischen Helden, und von brüllender Lustigkeit die breitgesichtigen, schlitzäugigen Burschen, die mit weit von sich gestreckten Beinen auf buntbestickten Sätteln ihre kleinen Esel im Galopp vorwärts jagten.

Es war bitterkalt. Beim Fotografieren erstarrten uns die Finger. Gegen zwölf Uhr lag in einer Senkung der Sultan

Han vor uns, eine Festung mehr als eine Karawanserei und um die Mauern ein ganzes Dorf aus kleinen Lehmbauten, flachen Dächern, kräuselnden Rauchsäulen, wie bei uns eine mittelalterliche Burg von den Häusern ihrer Zinsbauern umgeben ist. Zunächst schien alles ausgestorben, die Feuer von keiner menschlichen Hand geschürt, die dreifachen Mauern, das gewaltige Tor, die Gewölbe und Höfe des Hans öffneten sich uns in schweigender Verlassenheit. Bis die Hunde angerast kamen … über die flachen Dächer stürmten sie, grosse gelbe Hirtenhunde, mit wütendem Gebell … dann die Kinder, nackt, nur mit einem Hemd bekleidet in der schneidenden Kälte … die Burschen, gross, kräftig, traten aus den Häusern, ein uniformierter Greis humpelte hinter uns, begann ein Gespräch und erbot sich, unsere Mäntel zu tragen … denn nun legte sich plötzlich der Wind, die Sonne warf sich flutend über die Ebene bis zu den erglänzenden Schneebergen, es wurde warm wie des Mittags im winterlichen Gebirge, und nun war das Dorf lebendig und auf den Beinen, man brachte uns blonde kurdische Kinder herbei, die sich schreiend an die weiten Hosen ihrer Mütter klammerten. Diese waren grosse, kräftige Frauen, den Männern ebenbürtig, ihre Augen blitzten unter den gestreiften Tüchern, und sie lachten, laut und voll, statt des verschämten und kecken Grinsens der schwarzen Verschleierten in den Strassen Kayseris.

Während der Rückfahrt (es war wieder schneidend kalt) hatten wir einen Blick von beinahe dramatischer Prächtigkeit. Da lag hinter uns der düstere Bau mit Turm und Mauer und Leitern, die auf die gestampften Dächer führten, dem gefrorenen Teich, den Weiden und Pappeln und einer Schar flügelschlagender Gänse. Links der farbige Höhenzug, zu seinen Füssen schillernd und ausgetrocknet die Furche des

Salzsees; rechts, fast unter dem Rand der Ebene versinkend, die zackigen und schneebedeckten Ketten des Antitaurus, Widersacher und Verheissung einer anderen Welt, unseren Wegen entrückt. Wir aber fuhren dem Erciyes Dağı entgegen, dem breitfüssigen Riesen, im Sommer aus Fels aufgetürmt bis zu der brüchigen Spitze ewigen Schnees – jetzt weiss bis in die untersten Täler, gigantisch thronend, mit Eiswänden und Schneefeldern, schwarzen Spitzen und gleissenden Kanten, von mittäglichem Licht übergossen.

Am folgenden Tag fuhren wir über die Wasserscheide İncesu hinüber in die Welt der zwanzigtausend Pyramiden; so von den Alten genannt, von uns Mondlandschaft, denn man glaubte sich auf ein anderes Gestirn versetzt, wo bleiches Licht herrscht und unsere Sinne von unfasslichen Erscheinungen getäuscht werden. Es regnete in Strömen, der Pass war glatt und schmal, und steil der Absturz in die Erosionsebene. Der Chauffeur fürchtete sich mehr als wir.

Schliesslich erreichten wir doch das Dorf Ürgüp, dessen Häuser wie Kulissen vor die Höhlen in weichen Tuffelsen gesetzt sind. Ein Knabe führte uns durch die steilen Gassen bis zu einer sonderbar durchbrochenen Felspyramide, die wie ein künstlicher Tempelturm aufragte. Eine Treppe stieg an der Aussenwand bis zur Höhle auf halber Höhe; von dort erreichte man im Innern des Felsens die viereckige, aus Ziegeln gemauerte Krönung. Unterhalb davon, in Rot und Blau auf den Stein gemalt, eine primitive Malerei, an Bilderschrift erinnernd. Niemand konnte uns erklären, was die Zeichen bedeuteten.

Beim Abstieg erblickten wir vom Hof einer Höhlenwohnung herab einen Gang, und an der Felswand darüber den schönen Ansatz eines Rundbogens. Wir liessen uns von dem

Kleinen hinüberführen und fanden ein einfaches Gewölbe mit geschwärzten Wänden, welche durch ausgehauene Rundbögen dekoriert waren; die Decke war ein künstliches Tonnengewölbe, neben dem Eingang sahen wir eine grossäugige Taube, das sanfte christliche Symbol, und wussten nun, dasss wir uns in einer uralten christlichen Höhlenkirche befanden.

Heute benützte sie ein türkischer Bauer als Scheune; hinter einer hölzernen Türe gewahrten wir im Halbdunkel eine Spindel und die Hand einer unsichtbaren Greisin.

Dann fuhren wir durch Hohlwege hinüber in das geheimnisvolle Tal von Göreme. Da lag das Mondland zu unseren Füssen, ganz in wallende Nebel und blassgelbe Lichtstreifen getaucht, ganz und gar unwirklich, ein erstarrter Wald aus Kegeln, Türmen, Nadeln und Pyramiden, manche aufgereiht wie Orgelpfeifen, manche einzeln und gigantisch, manche vereist und bärtig, gleichsam taumelnd, nach vorn geneigt, im Sturz aufgefangen und nun gramvoll erstarrt, stumme Ankläger einer ausschweifenden Natur.

Wir wagten uns hinein, versanken alsbald im feuchten Lehm und befanden uns schon inmitten der Mondgötter, umstellt von ihren glatten und unübersteigbaren Wänden, eingefangen im Talgrund. Die Durchblicke erregten Schwindel, denn immer weiter setzten sich die sonderbaren Gestalten fort, und über ihnen senkte sich der Himmel zerrissen, vielfarbig, von Wolkenschichten, Streifen, Zügen gleichsam in das befremdende Schauspiel hineingezogen.

Gegen Westen hellte er sich endlich auf. Gelb brach hervor wie Feuer, ringsum belebte sich die Landschaft, aber immer noch schauten die Höhlen fürchterlich wie leere Augenhöhlen auf uns herab. Der schönbehauene Eingang einer Kirche fand sich, und darin ein grosses Kreuz in roter

Farbe an die Wand gemalt: als wolle die fromme Macht die finsteren Dämonen der weissen Landschaft draussen bannen.

Als wir hinaustraten, hatte sich der Himmel geklärt und warf eine Flut von Licht aus. Nun war alles anders, gelb und tiefblau, leuchtend und schattenwerfend, und uns wurde leichter zumute, wie Peter Schlemihl, als er seinen Schatten aufgerollt zu seinen Füssen fand …

Die letzten Tage vergingen rasch, es war schon Alltag von Kayseri. Ingenieure hatten blonde deutsche Gattinnen aus Thüringen und Sachsen; ein amerikanischer Missionar im Nachbarstädtchen Talas führte uns seine Fussballmannschaft vor; wir sahen junge Armenier in Schmiedewerkstätten arbeiten, ernst gesenkte Kinderstirnen über flammendem Feuer. Strassen, Ruinen, Basar, Moschee, Stadtmauer und Festung belebten sich, ein Grünzeugmarkt wurde abgehalten, verschleierte Frauen atmeten mit grosser Lebendigkeit durch die dünne Maske. Immer noch liessen sich die gelben, herrenlosen Hunde nicht anfassen und verschwanden lautlos hinter bröckelnden Mauern, und die Katzen, sonderbar kauernd, schnurrbärtig, den breiten Kopf zur Brust geneigt, die Vorderpfoten zierlich nebeneinandergelegt, sassen auf Söllern reglos weise, als sinne in ihnen der Geist eines lange Schlafenden.

Wir verliessen Kayseri des Nachts, wie wir gekommen waren. Der Knabe Raschid weckte uns um halb vier Uhr. Er kam in das Zimmer, legte Holz in den Ofen und sagte: »Madame, ich fahre mit Ihnen nach Ankara.«

»Hol Teewasser«, befahlen wir ihm.

Raschid erhob sich. »Nehmen Sie mich mit«, wiederholte er.

Es wurde warm im Zimmer, wir tranken Tee und packten unsere Kurdendecken zusammen. Raschid stand an der Türe.

»Ist der Wagen schon da?« fragten wir.

»Der Arab wartet«, sagte Raschid, und während er Dekken und Mäntel auf den Arm nahm: »Madame, ich möchte, dass Sie mich nach Ankara mitnehmen.«

Dann fuhren wir. Die Laterne schwankte am Bock neben dem Kutscher. Der sass gebeugt in seinem rotgefärbten Schaffell, hin und her geschüttelt. Es war sehr kalt. Von weitem sahen wir die Lichterreihe des Zugs.

Konya

3. Dezember 1933
Genug Licht zum Schreiben, Feuer, eine Schaffelldecke, Raki – nicht mehr braucht man und nicht weniger, wir haben es genau erfahren. Draussen liegt Schnee, im Hof des *Selçuk-Palas* laufen die Truthühner mit gesträubten Kragen umher. Über den Dächern sieht man die blassrosa Kuppel einer Moschee im grauen Schneeflocken-Himmel; es ist ein bezaubernd trauriger Anblick.

Wir haben seit Ankara eine vierundzwanzigstündige Bahnfahrt hinter uns. In Eskişehir waren die Fenster der Zuckerfabrik erleuchtet, und Rauch stieg feurig aus den Schloten. Arbeiter in Pelzen standen an der Böschung, dort, wo ein Getreidesilo gebaut wird. Ein junger österreichischer Ingenieur beaufsichtigte den Bau, wir kannten ihn von Ankara, und er holte uns am Bahnhof ab. Wir sassen mit ihm in der Baracke, die sich *Büfe* nennt, und warteten auf den Nachtzug von Haydarpaşa. Der Ingenieur sah müde und abgezehrt aus. Er erzählte die ganze Zeit, ich weiss nicht mehr, was. Wahrscheinlich von seiner Frau und seinen Kindern, die er in Wien hat. Ob sich das lohnt, dachte ich – was gehen ihn schliesslich die Getreidesilos an und was Eskişehir? »Und Sie fahren also nach Osten«, sagte er, gesprächig, das Rakiglas in der Hand. »Aber ich werde mich trösten. Ich liege in einer halben Stunde in meinem Bett, während Sie noch zwölf Stunden im Zug … Haben Sie Schlafwagen? Aber der Zug führt ja gar keinen Schlafwagen.«

Endlich, nach einer Stunde, fuhren wir ab.

Die Fremden kennen Konya nur im Frühjahr oder im Sommer. Es ist eine alte Seldschukenhauptstadt, seiner Moscheen wegen berühmt. Auch die Kreuzritter haben Konya erobert …

Es begann zu schneien, als wir im Kloster der Derwische waren. Wir standen in dem hohen, dunklen Raum, der, unter einer der runden Kuppeln, ihre Moschee enthielt; unter der zweiten aber drehten sie sich. Sie drehten sich, den einen Arm an die Brust gelegt, den anderen ausgestreckt, in langen grünen Gewändern, das Haupt leicht zurückgeworfen, so wie ihr Meister Dschelaladdin Rumi es sie gelehrt hat. Er dichtete dazu und besang die Sterne und das in Sehnsucht kreisende Herz der Menschen. Nun liegt er, riesig aufgebahrt, neben seinem Sohn im gleichen Raum, in der Pracht einer Grabkapelle, die der grüne Turm überwölbt, deren Wände von goldenen und farbigen Schriftzeichen bedeckt sind, deren Säulen herrlich geschmückt sich im Dunkel verlieren; unten hängen Öllampen und ziselierte Silbergefässe, man geht über alte Teppiche aus Smyrna und Kula, aus Persien und Afghanistan; aber über den mächtigen Sarkophag des Heiligen und seines Sohnes ist ein schwarzes Tuch ausgebreitet, und oben zu ihren Häuptern stehen die schwarzen Turbane wie Kuppeln einer Moschee.

Die Türken treiben sonst wenig Totenkult – hier ist er ein feierliches Schrecknis. Rings um den grossen Dschelaladdin Rumi ruhen seine Söhne in fünfundsechzig Sarkophagen aus Stein und aus Marmor, mit Fayencen, köstlichen Teppichen und Geweben bedeckt.

Jetzt ist es ein Museum. Man zeigte uns alles: die Bücher und die Gewänder und die herrlichen Stoffe aus Persien, die Seidenteppiche aus Bursa, die grossen mattfarbigen aus Smyrna, die gestickten Mäntel der Jürücken, die geschnitzten Türen, die Kelims und die Gebetsstreifen. Man hätte sich vor einer gemalten Seite eines Buches vergessen können wie beim Anhören von Musik. Ja, nicht anders war die sanft auflösende und hinreissende Wirkung jener Goldranken im blauen Grund, jener Knospen in wunderbarer Verteilung, jenes Auf und Nieder, jener Verschlingung und Verteilung der Ornamentik ... oder auch: nur Gold auf dem matten Pergament ... Aber da, wo sich die Derwische gedreht haben, liegen helle, grosse Teppiche mit weniger und einfacher dunkelgrauer Zeichnung.

Man führte uns zum Direktor des neuen Museums. Er sass in seinem Zimmer und diktierte etwas, und durch das Fenster sah man in den alten Derwischgarten. Zwischen den Beeten stehen griechische Säulen und Statuen, die meisten sind zerbrochen; jetzt lag Schnee auf ihren Schultern, und als wir wieder hinaus- und in die Stadt gingen, war der ganze Hof mit Schnee bedeckt und die Strassenflucht grauweiss. Es schneite in dicken, nassen Flocken. Wir gingen in ein Bad, man führte uns durch die heissen, niederen Kuppelräume, Tücher lagen auf den Steinbänken ausgebreitet; in kleinen Nebengelassen wurden die Badenden getrocknet und massiert. Oben, über den Betten, hing die Fotografie des Gazi; die einzige, die es gibt.

Es folgten alte, kostbare Türen und Moschee-Eingänge, die ich auf Fotografien gesehen hatte: von Sonne beleuchtet, mit schrägen schwarzen Schatten. »Aber es schneit«, sagte ich. Kinder liefen uns nach, barfuss. Und Greise wuschen sich an kleinen Brunnen die blaugefrorenen Füsse. Wagen kamen uns entgegen, mit Säcken beladen, und auf jedem Sack lag ein wenig Schnee. Die Kutscher trugen weisse Schafpelzmäntel, das Leder nach aussen, und schwangen ihre Peitschen; die Pferde liefen, was sie konnten. Als wir in einer Seitengasse standen und das Tor einer Medresse (einer alten Schule) betrachteten, fuhr eine Droschke vorüber, die Pferde trabten lautlos; unter dem schwarzen Verdeck sass eine Frau mit einem schönen, jungen Gesicht.

Zuletzt sahen wir die Moschee mit dem blassrosa Dach; der schneegraue Himmel war schon verschlossen. Dann kam gleich die Dunkelheit. Eine Winternacht in Konya. Ich bin froh, dass ich schreiben und Raki trinken kann. Aber jetzt bin ich damit fertig; wir müssen Holz im Ofen nachlegen. Die Nacht wird noch lang sein.

5. Dezember 1933

Wir verliessen Konya um drei Uhr nachts. Es war eisig kalt; am Tag hatte es geschneit, jetzt knirschte die dünne Schneeschicht unter den Rädern des Wagens, der uns zum Bahnhof führte. Im Hotel war es so kühl gewesen, dass kein Holzfeuer genügte, um die Zimmer zu erwärmen. So sassen wir nahe am Ofen, zusammen mit einem Deutschen, den irgendwelche Geschäfte nach Konya verschlagen hatten, und tranken Raki. Von Zeit zu Zeit brachte der *Rusk,* der russische Hausdiener, heissen Kaffee in kleinen, henkellosen Schalen.

Dann kam die Fahrt zum Bahnhof: eine lange Allee, mit dünnen Bäumen besetzt, Schnee in den harten Radspuren – links die helle Kuppel einer Moschee, sonderbar fremdes Gebilde in der Winternacht, vor dem Bahnhof, in weissen Ledermänteln, die Kutscher und, zerfetzt, frierend, die *Hamal,* die sich auf unser Gepäck stürzten. Punkt drei Uhr ging das Licht aus. Das sei so in Konya, wurde uns erklärt, und die Reisenden des Taurus-Express müssten sich damit abfinden. Im Schein einer Petroleumlampe warteten wir, bis, eine halbe Stunde verspätet, der Zug einlief. Die Wagen waren überfüllt, in den Abteilen schliefen Offiziere,

Matrosen, ganze Familien, Körbe mit Säuglingen schaukelten zwischen den Gepäcknetzen. Ein Hauptmann kam im Gang auf uns zu. »Ich habe Sie in Kayseri gesehen«, sagte er und nannte den Namen eines Freundes, bei dem wir oben in Anatolien zu Gast gewesen waren. Er brachte uns in seinem Abteil unter, wo ausser uns noch ein Tscheche sass, ein Ingenieur, wie sich herausstellte, unterwegs nach Mossul und Bagdad.

Gespräche gingen hin und her; wir schliefen kaum, bis die Sonne durch die beschlagenen Scheiben drang und die schnelle Dämmerung der braunen Ebene der farbigen Flut des Morgens wich. In Ulukışla standen die Bauern in Pelze gehüllt am Bahnhof; ein Soldat brachte uns Tee, eine Minute lang atmeten wir draussen die frische Gebirgsluft. Und nun lagen die weissen, glänzenden Ketten des Taurus vor uns. Wie Traumgebilde stiegen sie aus der Ebene empor, den Fuss von Nebel umwallt, die phantastischen Spitzen und Zacken gelb, rosa und schwarz leuchtend, vom Licht getroffen, das sie wie Metallspiegel zurückwarfen. Der langsame Anstieg begann; bald neben uns, bald seitlich abirrend führte die alte Taurusstrasse empor; wir sahen Reiter, Eselkarawanen, Wagen, weiter oben nur noch Hirten mit ihren grossen Schafherden. Der Ingenieur erzählte uns, dass der Taurus voller Schätze sei – die nussgrossen Edelsteine im Serail zu Stambul seien zum Teil von unbekannter Beschaffenheit und könnten weder aus dem Kaukasus und dem Ural noch aus Südafrika stammen, sondern müssten hier in den Gebirgen des Landes ihren nunmehr vergessenen Ursprung haben ... Dann begann er grosssprecherisch von seinen Abenteuern in allen Teilen der Welt zu erzählen – von den Räubern in Nordafrika, den heimlichen »Lasterhöhlen« Stambuls, von den Taschendieben der Levantestädte und den grossen Jägern oben in Kanada. Jetzt hatte er sich verheiratet und fuhr in den Irak, um im Petroleumgebiet zu arbeiten. »In einem Jahr werde ich meine Frau nachkommen lassen«, sagte er zuversichtlich. Sie wartete in Prag …

Inzwischen reihten sich die Tunnel, liessen kurze Durchblicke auf die besonnten Felsmassen; nach einem grossen Tunnel sahen wir die ersten Bäume: Föhren, vom Wind gekrümmt, spärlich auf runden Hügeln verteilt, aber ihrer wurden immer mehr, und als der Zug einigen Schleifen abwärts folgte, war es schon ein Wald. Zwei Monate hatten wir vor uns die baumlose Hochebene gehabt – jetzt konnten wir uns am dunklen Grün nicht satt sehen, der felsige Gebirgsboden tat es uns an, die Flecken grauen Flechtwerks, die hohen Wurzeln, der Blick in Schluchten, wo gefallene Stämme übereinanderlagen. Und der Blick wurde immer weiter, wir folgten dem Rand eines bewaldeten Talkessels, von der Station des Gebirgsdörfchens Hacıkırı aus sah man, durch eine ungeheure Felskluft, das Meer.

Zuerst glaubten wir uns zu täuschen: Da schimmerte etwas, ein schwarzer Spiegel, und blendete die Augen. Die Sonnenstrahlen wurden davon angezogen und sammelten sich wie ein Speerbündel an jener Stelle. Es war das Meer.

Im Abteil nebenan wurde die Kinderwiege heruntergeholt. Ein kleines Mädchen lief mit einem Wasserbecken und einem Rasierpinsel durch den Gang, der Vater rasierte sich, während ein dicker, kleiner Junge ihm den Spiegel hielt. Die Mutter packte; Bündel, Pakete, Tonflaschen, Körbe häuften sich. Endlich, kurz vor Adana, zog der Vater die Pantoffeln aus und verlangte herrischen Tons nach seinen Schuhen. Dann war die Familie bereit, und wir fuhren in Adana ein. Unser Hauptmann verliess uns; die Familie warf die Gepäckstücke zum Fenster hinaus. Orangenverkäufer liefen schreiend den Wagen entlang. Dann erfuhr der Tscheche plötzlich, dass unser Wagen nicht mehr weiterfahre. *Hamal* stürzten herbei, der Umzug vollzog sich in Eile. Auf dem anderen Geleise erwarteten uns alte, europäische Wagen. *Bağdat* stand in gelben Buchstaben darauf. Während der Zug rangierte, liessen wir uns draussen die Schuhe putzen, kauften Wasser und gingen in der Sonne spazieren. Vorbei mit der Kälte, dem Schnee, dem Hochebenenwind. Hier war Mittelmeer; laue Luft umgab uns. Palmen und riesige Kakteen standen in den Gärten.

Der Zug füllte sich. Offiziere, Geschäftsleute, Offiziere; keine einzige Frau. Wir durchfuhren die fruchtbare Baumwollebene; wandten wir uns nach rückwärts, so sahen wir an ihrem Rand, langsam versinkend, die silbrigen Ketten des kilikischen Taurus. Noch vier Stunden trennten uns von der syrischen Grenze. Als wir gerade Eier, Brot und Orangen auspackten, erschien in unserem Abteil ein dunkelhaariger Bursche in genagelten Skistiefeln und Knickerbockers. Er legte die Hand an die Mütze, setzte sich dann und nahm die Mütze ab. »Sprechen Sie Spanisch?« fragte er. »Rusk, Hebräisch?« Wir schüttelten die Köpfe. »Sprich spanisch«, sagten wir, worauf er uns in einem Kauderwelsch französischer, italienischer und spanischer Brocken auseinandersetzte, dass er nach Syrien wolle, während sein Pass, wie wir feststellten, ein Transitvisum über Syrien und Irak nach Persien aufwies. »Nach Beirut«, erklärte der Junge, »von dort Palästina« – dabei legte er den Finger an den Mund. Wir riefen unseren Tschechen, der sich mit dem Jungen auf serbisch verständigen konnte. Er war spanischer Jude, hatte einen jugoslawischen Pass und wollte nach Palästina. Als Jude hatte er aber kein Visum für Syrien bekommen – nach Palästina wollte er sich ohnedies auf illegalem Wege über Beirut einschmuggeln –, und ein Freund in Stambul hatte ihm geraten, sich das Transitvisum für Persien zu verschaffen, um dann irgendwie in Syrien den Zug zu verlassen. »Es war ein schlechter Rat«, sagten wir ihm, »man wird dich zurückschicken.« Er hörte aufmerksam, wortlos zu, dachte lang nach und begann dann mit plötzlicher Heftigkeit zu erklären. Er habe neun englische Pfund, sagte er, wir sollten dem Passbeamten sagen, dass er keinesfalls nach Persien könne, nur nach Beirut zu seinem Konsul oder in eine Hafenstadt, Alexandrette zum Beispiel; dann wolle er sich weiterhelfen.

Wir hielten an der Grenze. Fevzipaşa. Wir befanden uns wieder im Gebirge, es wurde kalt, die Dunkelheit brach unerwartet ein. Wir sahen die Lichter von Militärbaracken, Offiziere standen auf den Geleisen und umarmten Kameraden, die in unseren Zug stiegen – wir erfuhren, dass sie nach Persien als Instruktoren versetzt worden waren. Passbeamte standen in den Gängen; draussen bettelte ein halbnackter Junge, wir reichten ihm ein Brot heraus, worauf er es unter den Arm presste und wie ein Tier in der Dunkelheit verschwand.

Dann läutete die Glocke, die Offiziere standen stumm grüssend an den Fenstern, der Zug setzte sich in Bewegung.

Der junge Jude erschien wieder unter der Türe, gefolgt von einem französischen Passbeamten. Wir erklärten ihm, so gut es ging, die Situation. »Unmöglich«, sagte der Beamte wütend, »ich kenne die Burschen, zwanzig sind schon auf diese Weise nach Palästina gelangt.«

»Aber was wollen Sie mit ihm tun?«

»Wir werden ihn zwingen, ein Billett nach Mossul zu lösen, oder er wird mit Gendarmen nach Stambul zurückgeschickt.«

Der Junge folgte mit gierigem Ernst dem Gespräch.

»Sie wissen, dass er nicht nach Persien will«, sagten wir, »er hat dafür auch nicht genug Geld. Man wird ihn auch gar nicht hereinlassen, denn dafür müsste er fünfzig englische Pfund vorweisen.«

Es war nichts zu machen. Der Junge wollte nicht nach Stambul zurück. Kurz vor Aleppo hielt der Zug, die Offiziere stiegen aus; auf dem Nebengeleise wartete der Wagen nach Tall Siwan. Wir verabschiedeten uns von unserem Ingenieur. Dann sahen wir, wie ein Beamter den kleinen *Hébreux* in einen Wagen dritter Klasse schob und seinen Pass einem Offizier reichte. »Geben Sie auf ihn acht«, rief er, »er muss transit nach Persien …« Schreien, Rufen; Pfiffe und Glockenzeichen. Langsam glitten die Wagen aneinander vorbei. Hinter uns blieben die Waldgebirge, Kilikien, der schneebedeckte Taurus. Nachtkälte drang durch die Fenster, im Gang standen die Franzosen, von Zigarettenrauch eingehüllt. Um halb zehn Uhr abends erreichten wir Aleppo.

Syrien

Aleppo, 8. Dezember

Hinter uns die kilikischen Waldgebirge, weit der nüchterne Höhenrausch, hier die Stadt der sarazenischen Zitadelle, der mächtigen Torbrücke, hallender Gewölbetreppen, der kleinen Falken über dem Trümmerfeld. Von den Mauern sieht man auf die Stadt hinab; eine Strasse läuft rings um den steilen Hügel, da gehen die langsamen Kamele, die schreienden Esel, die Reiter auf weissen Pferden, die Soldaten, grosse Nubier in Turbanen, die Frauen, schwarzverschleierte Nachtvögel, und die singenden Strassenhändler. Hinter der Strasse die Gassen, die in den gedeckten Basar führen, die Kuppeln der Bäder, die Türme der Moscheen und Höfe mit farbigen Brüstungen voller Teppiche und gelbgefärbter Tücher, unten die Kaufleute und die Kameltreiber, weisse Kamele geduldig ruhend zwischen den Warenballen. Wir besuchten einen reichen Textilkaufmann; hinter dem Kontor, wo er uns Kaffee anbot, waren die halbdunklen Gewölbe angefüllt mit gestreiften Tuchen aus der Türkei, Seide aus Japan, Baumwolle aus Alexandrien, draussen im Hof lagen grosse verschnürte Ballen blauer Wolle aus Bombay. »Aus der Schweiz kaufen wir Kunstseide«, erklärte er mir und buchstabierte die Namen Steckborn und Rorschach.

Ein anderer Hof gehörte einem Wollhändler, der syrische Schafwolle nach Europa schickte. »Dieses Jahr«, erzählte er, »haben wir zum erstenmal grosse Geschäfte mit den Sowjets gemacht.« In den feuchten Gewölben seines Hofs sassen, in Wolken von Staub und eingebettet in Haufen schmutziger Wolle, Beduinenfrauen mit grossen Scheren. »Sie arbeiten wie Tiere«, sagte der Händler und rief Namen auf – die

Gerufenen senkten scheu das Gesicht –, er fuhr fort: »Sie bringen das Geld, welches sie bei mir verdienen, ihren Männern. Es ist eine ungesunde Arbeit; die meisten sterben mit fünfunddreissig Jahren.«

Der Mann mit dem Fes zuckte die Achseln.

Jacques hiess unser junger Freund, ein blasser, kraushaariger Libanese griechischer Abstammung, der uns in Aleppo von frühmorgens bis spät in die Nacht begleitete. Am Abend führte er uns in alle Klubs der Stadt, zu den syrischen Nationalisten etwa, wo man kein Französisch, sondern nur Arabisch hörte und wo der europäische Hut verpönt war. *Cercle de famille* hiess der Klub, wo keine Muslime zugelassen waren. Christen und Juden spielten dort Tischbillard, tranken Raki, der, mit Wasser gemischt, weiss im Glas schäumte, und assen heisse Würstchen und gebratene Fleischklösse in warmem, aufgeschnittenem Brot.

Am späten Abend sassen wir mit Jacques, seinen Freunden und dem blonden Mädchen Maria bei Ibor, und Jacques erzählte uns von Muslimija: eine kleine Station, ich erinnere mich, traurig in gelbem Dämmerlicht, die Sonne schien zwischen den kahlen Zweigen schwarzer Bäume. Dort ist eine junge Fliegerin gestorben – sie landete, ihre Maschine erlitt einen kleinen Unfall, die Offiziere stürzten herbei, halfen ihr heraus, nichts war geschehen. »Drei Tage Reparatur«, sagte man ihr. Sie ging scherzend mit den Offizieren zur Baracke, man trug ihr Gepäck in ein kleines Zimmer und liess sie allein. Gleich darauf hörte man zwei Schüsse. Sie hatte sich getötet.

Jacques klopfte mit der geballten Hand auf den Tisch. »Ich habe das Mädchen nachher gesehen«, sagte er, verzerrt, »draussen in Muslimija.«

»Sie hiess Marga von Etzdorf«, sagten wir.

»Sie war noch jung …«

Ein junger algerischer Offizier begleitete uns auf dem Heimweg – ein auffallend schöner Mensch, blondhaarig, mit hellen Augen, die das Licht des Wassers, des Eises und des afrikanischen Himmels vereinigten. Der weisse Turban umrahmte ein schmales, dunkles Gesicht. Er redete knabenhaft und schwärmerisch, als gelte es, die Sterne anzusprechen, dann zu uns, sich besinnend, eindringlich, männlich. »Ich liebe Algier«, sagte er, »und ich bin Soldat. Aber können Sie verstehen, dass dies eine Entschuldigung für den Krieg ist?« Wir beschwichtigten ihn, niemand behauptet das, sagten wir. »Ich habe es mitgemacht«, sagte er eigensinnig, »Krieg ist abscheulich, glauben Sie mir, es geht gegen die Ehre.«

Er blieb stehen und verabschiedete sich. Wir hörten seinen raschen Schritt auf dem Pflaster. Es war drei Uhr – um fünf Uhr musste er bei den Pferden sein.

Einige Tage später fuhren wir nach dem Dorfe Rihanija, welches auf halbem Wege zwischen Aleppo und Antiochia liegt. Dort, als Gast der amerikanischen Expedition, lernte ich in den nächsten Wochen die Grundlagen der praktischen Archäologie.

Wir hatten in Rihanija zwei Chauffeure, beides Türken, und beide hiessen Hüseyin. Wir liebten Hüseyin den Jüngeren, der während des Fahrens türkische Lieder sang und uns Zigaretten verkaufte, hundert Stück zu zwanzig Centimes.

Wir fuhren während der Weihnachtsferien zu viert mit Hüseyin durch ganz Syrien und lernten alle Städte von Homs und Damaskus bis Latakia und Antiochia kennen. Keine verdarb uns den Geschmack an unserer Stadt Aleppo, die mit der weitschauenden Warte ihrer Zitadelle zwischen Meer und Wüste liegt, den Taurus im Rücken, nicht weit vom Euphrat: eine Grenzstadt, wo sich Türken und Araber hassen, vertriebene Armenier sich aufhalten und Juden, die nach Palästina wollen; Kaufleute zwischen Japan und Russland, Irak und der Türkei, afrikanische Soldaten und französische Offiziere – alle unfreiwillig hier, alle bereit, über die Grenze zu wechseln, nach Beirut oder Ägypten zu fahren. Ja selbst die bunten Mädchen werden aus Beirut für kurze Zeit nach Aleppo geschickt und kehren in jene mildere und reichere Stadt zurück, wenn sie genug Geld verdient haben.

Daher kommt es, dass in Aleppo mehr gearbeitet wird als in anderen orientalischen Städten. Eine fast europäische Geschäftigkeit herrscht am Tag; am Abend und des Nachts gibt es leicht Streit. Man kann das im Laden von Léon beobachten, dem braven Mann mit den grossen Narben im Gesicht (sie kommen von den berüchtigten Aleppobeulen, im Basarviertel sieht man sie besonders häufig): Léon verkauft Raki, Whisky, Bier, Konserven, Hühner, Gewürze, Oliven und Fische. Des Nachts öffnet er seinen Laden gegen zwölf Uhr, brät Hühner, bereitet Sandwichs für seine späten Gäste und hört wortlos ihren geschwätzigen und streitsüchtigen Disputen zu. Um zwei Uhr, wenn die Bars und Dancings geschlossen werden, ist sein Laden voll von Offizieren und Mädchen, Kutschern und den dicken französischen Barbesitzerinnen. Solange die Leute sich über Léon lustig machen, geht alles gut. Es wird gefährlich, sobald sie sich gegeneinander wenden. Ich sah dort einen Streit zwischen einem Libanesen und einem türkischen Kutscher. Der Kutscher war ein wüster Bursche, nicht älter als sechzehn. Er schimpfte den Libanesen einen *sale Arabe* – worauf dieser aufsprang und ihn drohend fragte: »Und du? Du nennst dich Franzose? Du bist nichts als ein Türke.« – Der blonde

Algerier brachte die Streitenden auseinander und schob den fluchenden Türken auf die Strasse hinaus.

Die Türken sind hier sehr verhasst. Man hat mir erzählt, dass die meisten Banditen, die des Nachts die Automobile überfallen, aus der Türkei herüberkommen. Vor kurzer Zeit nahm ein französischer Leutnant etwa zehn solcher Leute gefangen und liess sie auf der Stelle köpfen. Die Fotografie dieser schauerlichen Exekution wurde auf seinen Befehl an der Grenze in jedes Automobil gereicht, das in die Türkei hinüberfuhr. Der Mann ist später ohne Bestrafung versetzt worden.

Dieses Jahr wird es viele Beduinenüberfälle geben, weil die Schafherden durch den langen Regenmangel zusammengeschmolzen sind und die Nomaden schon jetzt Hunger leiden. Für gewöhnlich ist es weniger gefährlich, durch die Wüste zu fahren als des Nachts hier auf den grossen Strassen …

Immerhin haben wir mit Hüseyin, dem Türken, eine Reihe von Nachtfahrten gemacht, ohne dass uns etwas geschehen ist. Wir sind in vier Tagen durch ganz Syrien und zweimal über das Gebirge gefahren. Am ersten Tag verliessen wir Rihanija um fünf Uhr morgens und waren fünfzehn Stunden unterwegs. Ich kann mich an keine merkwürdigere Dämmerung erinnern als an die dieses langen Wintermorgens: Bei uns ist es um diese Jahreszeit um acht Uhr noch dunkel, und der Tag beginnt ohne Aufwand und allmählich – in Anatolien war es ein Feuer, ein Konzert von Farben, ein dramatischer Wechsel. Fast immer gab es Wind und fliehende Wolkenstreifen, und die Hügel, die schwarz die Ebene umkränzten, wurden plötzlich von goldenem Licht übergossen, während die Nacht sich in das sanfte und durchsichtige Blau des Gebirgshimmels auflöste.

Hier aber begann die Dämmerung schon um sechs Uhr, es wurde hell, Hüseyin drehte das Licht aus – aber die Ebene blieb grau, stumpf und leblos. Wir fuhren eine Stunde, zwei Stunden, ohne dass sich etwas veränderte. Das fruchtbare Ackerland von Rihanija ging in eine felsige Hochfläche über, und diese bald darauf in eine Steinwüste. Ein endloser Tag schien uns zu erwarten, ein grauer Dämmertag in dieser dumpfen Lichtlosigkeit, die an Traumlandschaften erinnerte.

Dann stieg plötzlich, dort, wo wir die irakische Wüste vermuteten, die Sonne wie eine kreisende Kugel empor, unwirklich rasch, ohne Strahlen, nur einen flimmernden Hof gelberen Lichts um sich sammelnd. So schwebt das geflügelte Sonnensymbol auf den schönen Reliefs über den Göttern und Königen der Hethiter …

Nach einiger Zeit kam der Nebel und verschlang gierig das Land. Araberdörfer lagen an der Strasse; die sonderbaren, spitzen Bienenkorbhäuser wirkten nun durchaus gespenstisch, und als wir vor einem solchen Dorf haltmachten, kamen die Männer aus den Hoftüren, in ihre langen Mäntel gehüllt, blieben in einiger Entfernung stehen und riefen uns in ihrer rauhen Sprache ein paar Worte zu. Wir gingen näher, nur um uns von der Wirklichkeit ihrer Höfe und Lehmkuppeln zu überzeugen; sie folgten uns ernst, nun ganz schweigsam, und wieder war uns, als seien es keine Menschen, sondern Traumbilder.

Wir stiegen in den Wagen, einen Augenblick hellte sich alles auf, die Strasse wurde sichtbar, ein weisses Band, welches gerade über die Hügel lief. Gleich darauf war wieder alles von Nebel überströmt, Kamele traten plötzlich auf uns zu, reckten ihre langen Hälse empor oder schritten in stummer Kette, gravitätisch und grotesk, seitwärts durch das Feld.

Wir waren nachmittags in Damaskus; die schönen Ölhaine vor der Stadt versprachen viel, nachher war alles enttäuschend: die nüchternen Strassen, die Geschäfte, Taxihalteplätze, englischen Anschriften. Wir hielten uns nicht auf; eine herrliche Gebirgslandschaft führte uns hinüber in das grosse Tal von Baalbek. Daran hatten wir vielleicht den ganzen Tag gedacht – aber Baalbek gehört zu jenen heroischen Namen, die man nicht leichtfertig ausspricht, zu den Evokationen, den Anrufungen in der Wüste unserer Zweifel. Viele sind nachher enttäuschend, wie die Stadt Damaskus, andere werden gewaltsam profaniert und beraubt und sind anklägerisch wie geschändete Heilige ... Ich glaube, dass für die üblichen Reisenden Baalbek schon zu den Plätzen gehört, die man gesehen haben muss – Palmyra, weit draussen in der Wüste, ist besser geschützt. Beide werden standhalten und vielleicht einmal vergessen und wiederentdeckt werden.

Ich hatte, wie jedermann, Fotografien von Baalbek gesehen. Aber man kann Dimensionen nicht fotografieren und Erlebnisse der Schönheit und der Vollkommenheit nur unvollkommen vermitteln.

Es war dunkel, als wir in Baalbek ankamen. Wir waren furchtbar müde und dachten, dass kein Bauwerk der Welt solche Strapazen wert sei. Wir stiegen zwischen den Häusern hinunter und folgten einem Fussweg, der einem Bach entlangführte. Aus einer Hütte kam Feuerschein und Gesang. Ein Araber folgte uns eine Weile und verschwand dann im Dunkeln. Nun gab es Bäume; es roch herbstlich nach feuchtem Gras und Nussblättern. Wir sahen zum Himmel empor, der hell und von Wind erfüllt war, und fast zufällig empfingen wir jetzt den mächtigen Anblick des Tempels.

Thronend erhöht der Rumpf über einem Feld zusammengestürzter Säulen; die letzten aufrecht stehenden ruhten gewaltig vollendet im nächtlichen Himmel. Durch eine Bresche in der Mauer erblickten wir eine andere Säulenreihe, ein einsames Bruchstück; aber was wir sahen, war vollkommen und gigantisch und fast übermenschlich. Ein Gefühl von Ohnmacht und Hingerissenheit erfüllte mich ganz – und die »Wüste des Unglaubens« schrumpfte zusammen wie die berühmte Haut des Wildesels. Aber was zurückblieb, war der ewige Zwiespalt jener Stufenreihe vom Verächtlichen bis zum Anbetungswürdigen, die das menschliche Wesen verurteilt und auszeichnet.

Noch in derselben Nacht fuhren wir nach Damaskus zurück, schweigsam diesmal; nur Hüseyin sang vorn das Lied vom betrunkenen Hodscha und trank dazu den Rest unseres Raki – man sollte nicht glauben, wie gut ihm das nach fast fünfzehnstündigem Fahren bekam. Am nächsten Tag sahen wir einiges in der Paulus-Stadt, aber ohne rechte Lust, denn es waren zuviel Führer da, die uns wie reiche Amerikaner betreuten; als wir jedoch deutsch sprachen, zeigten sie uns in der Grabkammer des weisen Saladin eine Bronzelampe mit den Insignien Wilhelms II. Auch der Basar gefiel uns nicht. So blieb der Hof der grossen Omajjadenmoschee mit den grünen Mosaiken, den Landschaften, Wasserläufen und Flüssen von bezaubernder, fast japanischer Zartheit; der Hof selbst aber, ein Festsaal unter dem leuchtenden Himmel, erinnerte uns an Venedig, und die Moschee, die einst eine christliche Kirche war, an die Hagia Sophia und an Byzanz.

Am Nachmittag fuhren wir auf herrlichen Strassen durch die blaue Kette des Libanon und erblickten noch vor der Dämmerung das Meer. Terrassenförmig senkte sich das Gebirge hinab, auf flachen Felsplatten und geschützten Erdhügeln standen die letzten Zedern Salomos; kleine Dörfer wechselten mit Lagern schwarzer, viereckiger Nomadenzelte, tiefer unten sahen die Ortschaften französisch aus; es gab kleine Restaurants an der Strassenseite, auch Tankstellen, Gärtnereien, Weekendhäuser. Die meisten Dörfer, nur im Sommer bewohnt, waren ausgestorben. Dann wieder Wald, und über das dunkle Laub der Orangenhaine hinweg erblickte man Beirut, vorgebaut auf die Landzunge einer weissen Bucht, eine südliche Küstenstadt, geschützt durch das Gebirge, reich an Gärten, Palmen, Pinien, hellen Häusern, kleinen Hotels. Im Hafen schaukelten die Maste der Fischer- und Handelsboote, Dampfer stiessen langatmige Sirenenrufe aus, Matrosen gab es, auch Offiziere und Negersoldaten … Bald sassen wir auf der besonnten Terrasse des Hotels *Metropol* und lernten Machmud kennen, einen Araber, zwanzig Jahre alt, der uns allen die Schuhe putzte. Wir fühlten uns schnell heimisch in Beirut.

Am nächsten Morgen fuhren wir in die Amerikanische Universität, um eine Keilschrifttafel abzuliefern, die man uns in Rihanija anvertraut hatte.

Professor Ingholt zeigte uns dort sein archäologisches Museum: zuerst die Funde aus Hama, wo er jeden Winter einige Monate für Kopenhagen gräbt, dann die Säle mit den wunderbar vielseitigen Gegenständen aus ganz Syrien, von der Grenze Palästinas bis zur östlichen Wüste und der vielumkämpften Nordgrenze. Nebeneinander und in gleicher Vollendung findet man hier die schönen, bemalten Tongefässe Kretas und Mykenes, ägyptische Götter und den blitzschleudernden Teššub der Hethiter, und allein die Vergangenheit der Seestädte und jener grossen Heerstrasse, deren Reliefs und Bilderinschriften wir am Hundefluss sahen, ist eines der erregendsten Kapitel der orientalischen Geschichte.

Mir scheint dieses Land bei weitem gefährlicher als Anatolien, weil es gemischter und empfänglicher ist – gleichsam weiblich, eine Versuchung und Verführung des Geistes. Dort oben, in der rauheren Landschaft, herrschte eine durchaus männliche Kraft, eine, die sich widersetzte und sich nicht besiegen liess. Alle Durchziehenden, Eroberer und wandernde Völker, mussten dem Boden einen Tribut zahlen; die, welche blieben, veränderten sich und empfingen ihrerseits das Siegel Kleinasiens. Obwohl die Rassenmischung dort kaum geringer ist als in Syrien und die türkische Einwanderung nur einige tausend betrug, scheint uns doch die Bezeichnung, jemand sei Türke, durchaus befriedigend, während man jeden Syrer oder Libanesen danach fragt, ob er Araber, Grieche, Armenier, Jude sei.

Was sich dort oben zutrug, war stets Kampf, Besiegung, Unterwerfung; Syrien aber war der grosse Raum der Umarmung und eines sonderbar faszinierenden Liebesspiels zwischen den Elementen der alten Kulturen.

Später kam die fruchtbare und leidenschaftliche Vermischung griechischen und orientalischen Geistes, aus der eine Quelle der Lieblichkeit entstand: griechische Anmut mit der religiösen Inbrunst des Ostens gepaart, und die schmalen geneigten Jünglinge vertauschten die lächelnde Trauer ihrer halboffenen Lippen mit der nach innen gekehrten Weisheit des östlichen Antlitzes.

Symbol jener liebenden Eroberung ist immer Alexander.

Wir hatten vom ersten Augenblick an grosse Sympathie für Beirut; das Leben muss dort leicht sein, der syrische Winter dringt nicht bis über den Libanon, und das Meer verspricht die milde Dauer von Riviera und Côte d'Azur. Wir wären gern einige Tage dageblieben, aber Bob bekam ein Telegramm, dass wir spätestens am nächsten Morgen in Rihanija zurück sein sollten. Wir fuhren den ganzen Nachmittag der Küste entlang nordwärts. Wir hatten herrliches Wetter, eine gute Strasse und die wechselnde Aussicht auf Meer und Gebirge. Unterwegs fotografierten wir ein arabisches Dorf, etwa halbwegs zwischen Tripoli und Latakia. Der Küstenstrich ist dort nicht mehr so fruchtbar wie unten in Beirut; ein starker Wind wehte über die kahle Fläche, wo die niederen, langgestreckten Strohhäuser standen. Die arabischen Bewohner kamen mir sehr schön vor, besonders die halbwüchsigen Mädchen und die Kinder. Die Männer liessen sich gern fotografieren; sie erklärten Bob, dass wir ihnen Bilder schicken sollten, und jeder verlangte, allein aufgenommen zu werden. Mit den Mädchen war es schwieriger. Sie trugen keine Schleier, aber sie wandten das Gesicht ab, sobald sie den Apparat sahen. Als wir weiterfuhren, begleiteten uns alle Männer und Knaben zum Auto und gaben uns die Hand.

Es fing an zu dämmern, als wir nach Tartus kamen, aber wir hatten noch Zeit, die Kathedrale zu sehen, dieses ausserordentliche Bauwerk, welches die Kreuzritter hier zurückgelassen haben: einsamer und halbzerstörter Zeuge inbrünstigen Glaubens. Der grösste Teil der Ornamentik, die in Stein gehauenen Umrahmungen der Fenster und der Türe sind herausgebrochen – aber irgendwo über einer leeren Fensterhöhle hockt noch ein Affenfrätzchen, ein winziger Verwandter der Chimären von Notre-Dame.

Wir liessen das Tor öffnen und fanden uns staunend in einer gotischen Kathedrale. Nur die griechischen Säulenkapitelle erinnerten daran, dass wir weit weg vom Boden Frankreichs waren. Über eine enge und steile Treppe gelangten wir auf das Dach eines der Seitenschiffe; nun war es schon dunkel, Schatten sanken über Gärten, Felder und Gebirge, aber das Meer glänzte mit tausend Schaumspitzen bis dorthin, wo die Nachtwolken es berührten. Wir fuhren noch zwei Stunden bis Latakia und übernachteten dort in einem grossen Hotel, wo wir die einzigen Gäste waren. Wir rauchten zu dritt eine Wasserpfeife; Bob tat es meisterlich, offenbar mit Erfahrung, aber auch er gab es auf, das Häufchen dunklen Krautes zu Ende zu bringen.

Ich schlief in einem Zimmer, welches auf eine grosse Terrasse mündete. So habe ich einmal in Südfrankreich geschlafen, und am Morgen flogen Schwalben vom Meer her in mein offenes Fenster.

Wir verliessen Latakia vor Morgengrauen und fuhren über das nebelumhüllte Gebirge wieder in die winterlichen Regionen. Hüseyin war schweigsam und nachdenklich. Erst als der Nebel dichter und der Weg immer schlechter wurde, begann er belustigt mit den Schultern zu zucken und uns einige verächtliche Bemerkungen zuzurufen. Kamele begegneten uns, ihre Treiber hatten die Gesichter zum Schutz gegen Wind und Kälte verhüllt. Endlich senkte sich die Strasse, wir sahen Daphne und das Tal des Orontes in der Tiefe liegen; die Sonne stand bleich über dem Fluss. Hüseyin begann rascher zu fahren; wir hielten uns in Antiochia nicht auf und kamen um elf Uhr vormittags nach Rihanija.

Baghras

Gestern, am Neujahrstag, sind wir den Kreuzrittern, den »Franken«, Prinzen von Antiochia, den Bohemund und Tankred und ihren ritterlichen Vasallen in den Ländern Amanos und Amuk auf die Spur gekommen. Wir fuhren über Kırıkhan bis zu dem düsteren Han Karamurt, der »Schwarzen Myrte«, und stiegen von dort nach Baghras hinauf. Es ist das alte Schloss Pagrae, welches die grosse Karawanenstrasse und den Eingang von Antiochia bewacht. Man erzählt, dass im Jahr 968 unter seinen Mauern der byzantinische Kaiser Nikephoros Phokas mit seinem siegreichen Heer kampierte. Er führte 100 000 gefangene Heidenkinder mit sich, Mädchen und Knaben, die für den Sklavenmarkt von Byzanz bestimmt waren. Sie sollen haufenweise an Fieber und Erschöpfung gestorben sein. Man stelle sich das jammervolle und fürchterliche Elend dieses Zuges vor, der unter den kaiserlichen Bannern das herbstliche Syrien durchquerte und die unendlichen Scharen der Kinder vor sich hertrieb! Im Schloss Baghras blieb Michael Burtzes zurück, der bald darauf Antiochia einnahm, darin von den Heiden belagert und in letzter Stunde von Peter Phokas entsetzt und gerettet wurde. Die Kreuzfahrer haben Baghras später ausgebaut; es war einer der stärksten Plätze in ihren wechselnden Kämpfen mit Armeniern, Byzantinern, Seldschuken und Mamelucken. Auch Saladin soll es belagert haben, ohne es einnehmen zu können. Ich weiss nicht, wer es schliesslich zerstört hat – wahrscheinlich teilte es das Schicksal der Stadt Antiochia, welche von dem Mamelukken Baibars im Jahr 1266 so gründlich verbrannt wurde, dass ein Jahrhundert später die Karten die glänzendste Stadt

Syriens überhaupt nicht mehr verzeichnen. Wir gingen ungefähr eine Stunde bis zum Schloss hinauf. Man sieht es von weitem: auf einem runden Hügel, mit zweifacher Ummauerung und mächtigen runden Türmen, über dem schmalen und tiefen Tal. Das zerstreute Dorf an seinem Fuss heisst ebenfalls Baghras – die oberen Häuser sind von Türken bewohnt, die unteren von Alawiten. Als ich mich erkundigte, woher die ziemlich zahlreichen blonden Kinder der Gegend stammen, sagte man mir, es seien Alawiten, die sich mit den Nachkommen von »Franken« vermischt hätten.

Es gibt kaum ein geschichtliches Ereignis, das uns so sehr beunruhigt und so schwer zu verstehen ist wie die Kreuzzüge. Der ungeheuren Suggestion ihrer ersten Antriebe ist sicher mit keinen Mitteln der Intelligenz beizukommen. Findet man dann die eroberten Länder in mittelalterliche Vasallenstaaten umgewandelt, den Hof von Antiochia mit Kanzler, Marschall, Seneschall und Konnetabel dem Hof von Lothringen oder der Normandie gleich und ebenbürtig und verfolgt die Intrigen zwischen dem Grafen von Tripoli und dem König von Armenien, dem König von Jerusalem und dem byzantinischen Kaiser – so fragt man sich, ob hier überhaupt noch von einem geistigen Impuls die Rede sein kann. Schlumberger beschreibt, wie der Kaiser Manuel von Renaud de Châtillon, Prinz von Antiochia, empfangen wurde: Das ist ein höchst faszinierendes Gemälde, aber niemand findet sich darin zurecht, was hier feudales Europa war, etwa wie der späte Prunk des burgundischen Hofes, was sich als christliche, katholische Aufwallung in äusserem Pomp manifestieren musste, was aus Byzanz übernommen war und was sich schon mit dem Orient, mit Arabien, Persien vermählt hatte. Jedenfalls begannen die fränkischen Ritter bald ihre Frauen in Harems einzuschliessen, und die Venezianerinnen übernahmen von den muslimischen Frauen den Schleier, den Christinnen noch heute in einigen Orten, Homs und Idlib, tragen sollen. Und lange haben die Kreuzritterstaaten dem Orient nicht standgehalten: Es ging rasch bergab, die Moral sank, die Intrigen nahmen überhand, die ritterlichen Eigenschaften verdarben. Nach dem Zeitraum einiger Generationen hatten es die Mamelucken leicht, die einst uneinnehmbaren Bergfestungen zu zerstören; die Bevölkerungen der reichen Christenstädte erlagen ihnen, die Überlebenden wurden auf den Sklavenmärkten Syriens und Ägyptens verkauft.

Wir kamen um vier Uhr nachmittags zur Ruine des Schlosses Baghras. Wir stiegen über die Trümmer der zerbrochenen Bögen, durchquerten die innere Mauer und traten in die grosse, leere Ruine des Saales. Von dort in die Kapelle. Von einem grossen, noch unversehrten Gewölbe aus sahen wir unter uns in grosser Tiefe den Fussweg, den Gebirgsbach, einen runden, gemauerten Brunnen. Mit Kerzen drangen wir in die finstere Galerie ein, die eine Hälfte des Hügels umläuft. Eine riesig hohe Mauer führte früher das Wasser über die enge Schlucht hinweg zum Schloss. Sie ist in der Mitte zusammengebrochen.

Als wir von oben das Tal mit seinen rauchenden Hütten, Feigen- und Olivenhainen überschauten, begann bereits die Dunkelheit. Wo das Gebirge endete, sahen wir die Strasse von Antiochia als ein glänzendes Band. Dann folgte die Ebene, gross, lichtlos, düster verhüllt. Und jenseits von ihr ein neuer, nächtlicher Gebirgsstreifen, ganz in Dunst, halb schon Wolke.

Wir verliessen das Schloss der Kreuzritter und stiegen den steilen Hügel hinunter. Eine Viertelstunde hinter dem Dorf wartete Hüseyin, der den Wagen hierhergebracht hatte. Der Rückweg, durch aufgeweichtes Feld, über steile Bachbetten von anderthalb Metern Tiefe, durch einen schmalen, von Felsblöcken übersäten Fussweg, erwies sich als ein zeitraubendes Unternehmen. Wir mussten zweimal umkehren, zweimal den Wagen aus dem Wasser ziehen, bevor wir, nun bei völliger Dunkelheit, die Landstrasse erreichten.

Ich wusste nicht recht, ob ich mich der ritterlichen Verteidiger von Baghras, der Normannen, Franken, Italiener, als Helden erinnern sollte, als Mystiker dunkler seelischer Antriebe, oder ob es schon damals eine Art von Europaflucht gab.

Wahrscheinlich wollten sie, während sie von ihren Burgen aus die fremden Strassen überwachten und die fremden Ebenen überblickten, nicht mehr nach Hause zurückkehren. Europa versank – eine Burg in Graubünden, ein Schloss in Frankreich, Hiltpoltstein und der Hof des Kaisers. Nur – hier zu sterben muss ihnen das grausamste Heimweh bereitet haben. Denn es gibt ja immer nur eine einzige Wirklichkeit, man ist immer bereit, am gestrigen Tag zu zweifeln, und was weiter zurückliegt, kann man nur noch unter Schmerzen beschwören.

Rihanija, am 3. Januar 1934
Hal zeigte mir eine Notiz aus der *Time:*

> DIED Stella Benson Anderson, 41, British novelist and voyageuse, of pneumonia, in Hongay, Tongking, French Indochina. A suffraget before the war, she aspired to "wit, learning, strangeness, loneliness," went around the world six times in tramp steamers, worked on a Colorado strawberry ranch, did airplane stunting in

> California, was made to an opera singer, nearly starved in Japan, shot tigers in India and taught school in China, finished a novel *(The Faraway Bride)* in Nanking during a Cantonese bombardment …

In Beirut erzählte mir Herr S. von dem Buch eines Schweizers, der durch Südamerika reiste, in Lima in einem fürchterlichen Gefängnis lag, Offizier in der Fremdenlegion wurde, im Elsass den Versuch machte, ein bürgerliches Leben im Bankfach zu beginnen, und schliesslich auf recht elende Weise starb. Ich glaube, dass die Angelsachsen mehr Abenteuer ertragen, ohne Schaden an Leib und Seele zu nehmen, als wir Schweizer. Genau wie sie auch mehr trinken können, ohne dass ihr Selbstgefühl darunter leidet.

Ein Amerikaner hätte sicher nicht wie jener Bringolf oder wie General Suter geendet. Dagegen könnte Michael Kohlhaas leicht ein Schweizer gewesen sein, und der Goldsucher Suter hat für den kurzen Glanz seines Abenteuers so teuer bezahlt wie irgendein bürgerlicher Mensch für eine Ausschweifung, der er nicht gewachsen ist. Ich würde annehmen, dass für die Frauen etwas Ähnliches gilt – aber die schweizerische Obristin Egli spricht dagegen.

Soviel über das »Ende des Abenteuers« – aber es mag immerhin ein Unterschied sein, ob man auszieht, um Gold zu suchen oder um seinen Gläubigern zu entgehen, ob man nach »wit, learning, strangeness, loneliness« strebt oder ob es die Flucht ins Unerreichbare ist, die uns zwingt, Unbequemlichkeit und Einsamkeit auf uns zu nehmen und das gewohnte Leben willkürlich an einer Stelle abzubrechen, ohne dafür einen vernünftigen Grund angeben zu können.

Beirut

Am 5. Januar verliess ich Rihanija endgültig. Dort herrschten Kälte und schwere Regen – in Beirut aber waren die Tage mild, und wir schwammen in der grossen, geschützten Bucht während der Mittagsstunden.

Auf dem Rückweg kamen wir durch die Militärquartiere. Wir sahen die schwarzen Soldaten in ihren graugrünen Uniformen, mit breiten roten Gürteln – sie standen hinter Stacheldrahtzäunen, führten Pferde zur Tränke, exerzierten in den Höfen nach den Kommandos französischer Unteroffiziere. Man sah sie in kleinen Bars sitzen, welche *Au rendez-vous des poilus* hiessen; aus blaugestrichenen Barackenfenstern schauten ihre breiten, gutartigen Negergesichter.

Oben, im pinienbestandenen Garten der Residenz, gab es blühende Beete, weisse persische Pfauen, Strausse mit hässlichen Füssen und eine Schar scheuer Gazellen. Auch einen Apfelschimmel zeigte man mir, dreijährig, mit rosagefärbten Nüstern: Nuri al-Schaalan, der uralte Scheich der Ruwala-Beduinen, hatte ihn dem Haut-Commissaire zum Geschenk gemacht.

Fuhr man die Küstenstrasse entlang, so konnte man sich an der Côte d'Azur glauben, aber die Luft schien noch heller, das Meer glänzender und schaumgekrönter. Wie in einem zu weissen Spiegel zerflossen Felsen und Strand und die spiegelnden Dächer der Stadt, der Wald der sanft schaukelnden Maste. Dahinter stand, die Füsse im Meer, traumhaft und greifbar, nicht Kreide und Marmor, der schneebedeckte Libanon.

Dieser orientalische Winter nimmt immer merkwürdigere Formen an. Nun hat es über Nacht geschneit, und die Strasse nach Damaskus ist unterbrochen. Wir fuhren gestern bis in das Dorf Bhamdun und stiegen von dort mit unseren Skiern zwischen den verschneiten Weinbergen aufwärts. Wir überblickten zuerst die glänzenden Schneeflächen, dann den eisigen und spiegelnden Absturz bis zu den hundert gelben Mauern der Gärten und Reben. Drüben lagerten ganz dunkel die Vorketten des Libanon und zu ihren Füssen die weissen Häuser, die schwarzen Pinien und Orangenhaine von Beirut. Daran grenzte und zog sich in grossem Bogen zum Horizont die verschwimmende Bläue des Meeres.

Kein Traum hätte einen phantastischeren Anblick ersinnen können. Bald darauf zog sich ein Gewitter zusammen. Wir sahen schwarze Fahnen wie aus Kohlenstaub, die über Wände von feurigem Gelb hinzogen; in der Tiefe wurde das Meer dunkel und stählern. Hagel setzte ein, die Schneeflächen bedeckten sich mit einer Schicht rollender Körner. Wir fuhren bis zu den Weinbergen und trugen dann die Skier, von Mauer zu Mauer springend, bergab. Völlig durchnässt kamen wir in der Dunkelheit nach Bhamdun.

Über Nacht fuhr es fort zu schneien. Ich erwachte früh am nächsten Morgen und sah das Meer grau und schwer von Regen, seine Stösse waren langsam und drangen klatschend und sich überschlagend auf die Stadt ein. Diese lag noch in Dämmerung gehüllt, die Strasse unter meinem Fenster glänzte vor Nässe, aus den Gärten hingen Blätter entkräftet über die gelben Mauern. Über den Dächern sah man das Gebirge, welches sich langsam von der Nacht befreite. Wolken lagen, von der verborgenen Sonne milchig erhellt, auf halber Höhe. Darüber war alles von neuem Schnee bedeckt, aber noch glanzlos und stumpf, und der Himmel noch voller Nachtbläue. Dann erhoben sich Vögel ganz in meiner

Nähe, sie sangen, und ihre kleinen Jubelschreie verloren sich. Es war wie der erste Schrei der Schöpfung; ich wusste, dass nun bald die Sonne aufgehen würde, dass oben im Gebirge die Nebel zerrissen wie der Vorhang des Tempels, dass unten das Meer sich in Blau und Silber verwandelt, dass die Blätter sich aufrichten, die Mauern sich erwärmen würden, dass Meer und Himmel sich trennten, der Tag sich von der Winternacht schied – der alte und wunderbare Vorgang.

18. Januar 1934
Die Zeit eilt. Es wird bald Frühling sein. Heute gingen alle Leute an der Küste im Tropenhelm spazieren, und im Kaskadenrestaurant sassen sie fröhlich auf der Terrasse, tranken Zitronensaft und sahen das schöne blaue, feiertägliche Meer an. Seit zwei Tagen feiern die Muslime das Ende des Ramadan, des vierwöchigen Fastens. Da seien drei Tage Erholung nicht zuviel, sagte tolerant und einsichtig ein Missionargreis im Postbüro von Dschubail. Er trug auch einen Tropenhelm auf dem ergrauten und bärtigen Haupt, dazu eine Hebammentasche um die Schulter, in welcher er ein Mandat über fünfundzwanzig Pfund verwahrte. Ich gab im gleichen Postbüro ein Hochzeitstelegramm auf, denn heute ist ein ungewöhnlicher Festtag.

Dem gestrigen Tag dagegen haftete etwas Überstürztes an – man war mitten in der Woche, höchstens die Hälfte der Stadt nahm am Fastenende teil; im übrigen lagen Schiffe im Hafen und tuteten in den silbrigen Morgen, Trams, Lastautomobile und Droschken verdarben den Spaziergängern die Laune, und meinem Machmud gelang es überhaupt erst nachmittags, sich freizumachen und an das Fest zu denken. Er lud mich zu einem Spaziergang ein; wir gingen zuerst in sein Haus, ich bekam Tee, Brot mit Honig gefüllt und gezuckerte Mandeln. Die Frau von Machmuds Bruder war sehr festlich gekleidet und trug lange Spitzenhosen unter dem geblümten Kleid. Machmud vertauschte inzwischen die schwarze Pluderhose mit einer weissen, gelblich gestärkten, die an den Seiten schön gestickt war, und zog ein frisches Hemd an. Die Kinder knieten schweigend in ihrer Ecke und sahen dem Onkel zu.

Ich habe besonders das neunjährige Mädchen ins Herz geschlossen, seit es, als ich einmal des Nachts zu Besuch kam und es schon auf seinen Steppdecken lag, halb im Traum nach seinem Tüchlein griff, sich das kleine Haupt verschleierte und wieder in Schlaf sank.

Machmud und ich ergingen uns auf der Strasse oberhalb der Küste, genossen die Aussicht, fotografierten Soldaten aus dem Sudan, prächtige Schwarze, und begegneten sonntäglichen Familien, oftmals der Vater auf einem Esel voraus, hinter ihm, abgekämpft, Frau und Kinder.

Dann war es der Rummelplatz: unter den Pinien, sozusagen Haus an Haus mit dem Kommissär und den schönen Rennpferden, die man drüben in der Sonne führte. Aber welches Volksfest! Da gab es Tänzer und Gaukler, dressierte Affen, Messerkämpfer, Wahrsager. Im Kreis standen die Zuschauer: vom Land Gekommene, Beduinen und Männer aus dem Gebirge – in tausend phantastischen Kopfbedekkungen, in hohen Stiefeln, in langen goldgestreiften Gewändern. Viele wie Machmud in der gestickten weissen oder blauen und braunen Hose; dazu trugen sie aber Goldwesten mit kleinen Stehkragen. Im Kreis sah man Fechter mit kleinen, runden Schilden und langen Schwertern, die mit ständig sich wiederholenden Gesten aufeinander lossprangen, die Schilde zusammenschlugen, auseinanderwichen und nun den Zweikampf wie in grossem Zorn begannen. Ein ägyptischer Gaukler hatte sich ein Messer durch den Arm gestossen, ohne dass man einen Tropfen Blut sah; jetzt fuhr er fort, mit weissen Mäusen, Geldstücken und Dolchen zu zaubern, während das Messer grässlich aus dem abgebundenen Arm starrte. Am meisten Zulauf hatten aber die Tänzer, deren es eine Menge gab und von sehr verschiedener Qualität; ich sah drei, die sich wie in Ekstase bewegten, schweissbedeckte Burschen, die langsam mit den Füssen traten, dann schneller und hüpfend, begleitet von einer grossen Trommel und einer kläglichen Querpfeife. Zuerst schienen sie in sich gekehrt und um die eigene Achse geneigt, wie nachgrübelnd und befangen, dann plötzlich das Kreuz eingezogen, den Blick frech nach aussen gewandt und rasch in den grössten Kreis geratend, den ihnen die Zuschauer frei liessen. Dann sangen sie auch, stiessen vielmehr von Zeit zu Zeit Bruchstücke einer rauhen Begleitung aus gequälter Kehle, und als die Zuschauer einstimmten, liessen sie sich zuerst anfeuern, gerieten dann aber in ein zuckendes Auf und Nieder, sahen sich, plötzlich unsicher, einer nach dem anderen um und fielen zusammen, erloschen, nur noch leise mit den Füssen stampfend.

Draussen, unter den Bäumen, schaukelten sie in riesigen, aus Baumstämmen errichteten Schaukeln, nicht nur die Burschen und die Kinder, sogar Mädchen und Frauen, Verschleierte, die durch ihre düstere Hülle nun laute Freudenschreie ausstiessen, sich umklammerten, die wehenden Röcke vergassen und zu viert, mit zurückgeworfenen Köpfen, ins Blau tauchten und wieder zur Erde sanken, schwindelergriffen, erschreckt und jubelnd. Auch Karussells gab es mit primitiv geschnitzten Pferdchen und unsolide Schiffschaukeln – kurz, es war ein Wirbel von Drehen und Schweben, dazu Musik aus zwanzig traurigen Blasebälgen,

Querpfeifen, klimpernden Gitarren und Geschrei, Gesang, Anfeuerung auf allen Seiten. Am Rand des Waldes hatte ein Tanzmeister einen Ring von Leuten um sich gesammelt, sechs oder acht tanzten schon, indem sie sich gegenseitig Schulter und Hüfte umschlangen und nun, im Takt, einen Fuss nach vorn setzten, rasch zurückzogen, wechselten und so in ein Knie gingen, sich wieder hoben und, je rascher die Bewegung wurde, um so mehr in Hüpfen und Wiegen verfielen. Machmud erklärte mir, dass dies ein Bauerntanz sei, den sie, im Sommer, in den Bergen tanzten. Immer mehr Männer schlossen sich an, Unteroffiziere neben Bauern mit Kufija, junge Städter in Lackschuhen und Fes neben dem Schuhputzer Machmud. Denn plötzlich hielt es ihn nicht mehr. Er reichte mir seinen Regenschirm, entschuldigte sich für einen Augenblick und trat in die Reihe ein. Der Tanz nahm komplizierte Formen an, die Männer an der Spitze sangen und sprangen, drehten sich mit erhobenem Arm, sanken auf ein Knie, und die lange Kette drängte laut singend und stampfend nach.

Machmud kam mit glänzenden Augen wieder. Er führte mich durch die Hintergründe des Festgeländes, durch die Garküchen, wo Hammelfleisch an Spiessen gebraten wurde und Gebäck in brodelndem Öl schwamm – an den wartenden Eseln vorbei, an den Streitenden, den Ausgelassenen, den Polizisten. Und auf der Strasse angelangt, mietete er eine Droschke, liess das Dach öffnen und fuhr mit mir zum Hotel zurück.

Am dritten Tag des Festes sah ich Beduinen tanzen. Die Jünglinge trugen ihre Haare halblang oder in viele kleine Zöpfe geflochten. Die blaugeschminkten Augen erhöhten noch den Eindruck des Mädchenhaften in ihren schönen Zügen. Da sie sich so wild gebärdeten – so stampften, als gelte es, die Erde einzutreten, und ihre springenden, vor- und zurückweichenden Schritte ausführten, als fürchteten und besiegten sie einen dämonischen Widerstand gegen ihre Besessenheit –, wirkte diese weibliche Schönheit, die Blässe der Haut, umrahmt von bläulichschwarzem Haar, noch sonderbarer und ganz aus einer fremden Welt.

Es gab noch andere fremdartige Spuren auf diesem Vorstadt-Rummelplatz, wenn sie auch oft äusserlich waren, nur noch Erinnerungen, und mit den abgeschmacktesten Neuerungen des europäischen Vergnügungsmarktes vermischt:

Da waren die Schwertkämpfer, die ihre Posen so gut auswendig wussten und doch nicht das Bild von Angriff, Spannung und ritterlichem Spiel erweckten – es blieb beim Waffenklirren, bei der leeren Gebärde. Die Zauberer trieben allerhand übliche und durchsichtige Kunstgriffe, doch murmelten sie dabei Wüstenzauber und Geisterbeschwörung; sicher nahmen sie dafür alte, wirksame Formeln und vergessene Gottheiten in Anspruch.

Doch da fand sich, in einem kleinen Kreis von Zuschauern, ein Tänzer, der über einer glatten hellbraunen Stirn eine Kopfbedeckung trug, halb Helm, halb Krone, wie jene gefiederten ägyptischen oder die hohen des Teššub; flach lagen geschlitzte Augen im unbewegten Gesicht, der Mund schien zu klein im Dreieck von Backenknochen und Kinn.

Der Mann war gross und knabenhaft schlank. Er trug in der Hand einen Stab mit Glöckchen und Bändern wie ein Bärenführer und tanzte, sparsam und hochmütig. Er hob manchmal einen Arm mit ausgestreckten Fingern über das künstlich erhöhte Haupt und blickte dabei unbewegt lächelnd über die eigene Schulter. Auf der Fussspitze drehte er sich langsam seitwärts. Sein Anblick erweckte das sonderbarste Gefühl von Verzauberung: Miniaturen tauchten auf, Gestalten junger Gaukler und Prinzen, die träumerisch unter göttlicher Eingebung handelten …

An einem der Festtage – dem 18. Januar – war ich in Byblos, dessen phönizische Ruinen von Felsen herab Bucht und Aussicht des Meeres beherrschen. Da man dieses Jahr landeinwärts in der Nähe des Kreuzritterturmes das zierliche römische Amphitheater freigelegt hat, am Rand des Wassers die phönizische Stadt mit den Trümmern importierter ägyptischer Statuen und den enormen Grabkammern der Könige liegt, darüber aber die wunderschöne weisse und anmutige Säulenreihe eines römischen Tempels sich abhebt – so erhält man hier gleich den Eindruck der Jahrtausende, die den Boden bewohnt haben, und Schicht um Schicht zeigt sich eine würdige Vergangenheit.

Heute ist Dschubail ein kleiner und unbedeutender Ort. Aber die schöne Küste, der friedliche Hafen mit den aufwärts gekehrten Kielen breiter Fischerboote, der stille Hof der Kirche Saint-Jean, die Gärten endlich und die kleinen Wege zwischen altem Gemäuer: dies alles ist ungemein angenehm, heiter, ein versöhnter Abglanz überstandener Grösse.

Ich war um sieben Uhr morgens angekommen; um elf Uhr war ich mit meinem Rundgang zu Ende. Ein kleiner Knabe schloss sich mir an, als ich durch den Basar von Dschubail ging. Er sprach ein sonderbar erlerntes, pedantisches Französisch, zeigte sich artig und beflissen und brachte mit ernsten Redensarten seine kleinen Erklärungen an: über die Kirche Saint-Jean und die armenische Schule, über die Tätigkeit der »Pater« vom Berge (er wies mit der Hand auf das Haus), auch über den Sinn der Feste, die ihm, da er und seine Eltern Muslime seien, drei schulfreie Tage eintrügen.

In der Kirche Saint-Jean herrschte der Friede einer Dorfkirche. Von den Wänden kam der Geruch feuchten Steins, vermischt mit der Erinnerung brennender Kerzen, einer ewigen Lampe, ein wenig Weihrauch. Durch die offene Türe sah man ein paar Zweige und ihre spielenden Schatten auf dem Pflaster des Hofs. Oben, zwischen Säulen und Deckengebälk, flogen Vögel. Eine Erinnerung erwachte und zehrendes Heimweh: ein Sommerabend, Schwalben schossen mit hellen Schreien durch das schwebende, gleichsam von Engeln getragene Gewölbe der Kirche Wies …

Dann schickte ich den Knaben, der, beharrlich plaudernd, an meiner Seite ging, nach Hause.

Ich folgte dem Strand und wanderte eine Stunde lang, ohne einen Menschen anzutreffen. Weisser Sand lief wie ein Band am Fusse gelber Felsen; hinter den Felsen lagen Äcker, hinter den Äckern die breite Landstrasse nach Tripoli.

Von weit her vernahm man zuweilen das laute Signal eines Autobusses der »Ligne Autoroutière du Levant« oder das Schreien eines Esels. Das Meer war still, festtäglich, tiefblau und schlug mit ruhigem Klatschen auf den rollenden Sand. Ein Felsen ragte aus dem Wasser, schwarzer Punkt, um den sich das Licht flimmernd sammelte. Weit draussen lag unbeweglich ein kleines Boot.

Es war ein vollkommener Platz, dem Paradies benachbart. Ich schwamm mehrere Male hinaus, bis ich über dem Strand das Schneegebirge auftauchen sah, und trocknete mich nachher in der Sonne.

Viel später sah ich auf einem entfernten Küstenfelsen einen Mann von übernatürlicher Grösse; er trug eine weisse Kufija und war umrahmt von weissem Licht. Lange stand er dort, ein arabischer Bauer, der sein Feld bestellt hatte und nun über das Meer blickte, der erste Mensch …

Nun verschwand er wieder, sank langsam unter den Rand des Felsens, ich sah noch sein Schultertuch, sein dunkles Haupt, dann nichts mehr.

Am nächsten Morgen befand ich mich wieder unterwegs ins Gebirge; der Himmel war düster, schwer von bleiernen Wolken. Oben, kurz vor der Passhöhe, überraschte uns ein Schneesturm. Eisige Kälte herrschte, weisse Bänder wehten unheimlich geschwind über die Strasse und gefroren, ehe man sich's versah; kleine Hügel bildeten sich, über die der Wagen sanft schleudernd hinwegglitt.

In der Tiefe lag Nebel.

Wir erreichten eine Schenke, deren grosses Tor uns geöffnet wurde: Tropfend stand der Wagen gleich darauf im kahlen Wirtsraum. Zwei Frauen sassen vor dem kleinen Kohlenbecken; auf den Teppichen lag feiner Schneestaub, ganze Schneewehen bildeten sich am Fuss der Mauern, der Wind pfiff durch die Wände.

In unseren schweren Mänteln machten wir uns mit den Skiern auf und fuhren, gegen Wind und Hagel ankämpfend, über den breiten Abhang hinter der Schenke.

Aber der Sturm wuchs, und mit ihm die Kälte. Wir mussten umkehren und langten zusammen mit einer Gruppe von Wegarbeitern wieder bei der Schenke an.

Es wurde an diesem Tage nicht mehr hell. Wir beeilten uns, aufzubrechen, solange die Strasse noch befahrbar war, und erreichten Beirut ohne Unfall.

Beirut, am 23. Januar 1934

Durch den Taurus zu fahren war wie eine Verwandlung, ein Szenenwechsel, der durch Galerien führte: mit Ausblikken auf Kaskaden und Wasserfälle, Stufen dunkler Wälder, Abstürze und schneegekrönte Häupter. Indessen fiel der Vorhang über Anatolien, und die neue Ebene öffnete sich, städtereich, zwischen Gebirgszügen und einer schönen Küste. Schon in Abendlicht gehüllt die düsteren Telle, die Aschen- und Scherbenhügel, rauchende arabische Dörfer an ihrem Fuss, und aufsteigend aus der lebendigen, nächtlichen, verführenden Stadt, streng und mit rieselnden Abhängen, mauerbewehrt, mit wuchtiger Torbrücke, die Zitadelle von Aleppo.

Jetzt, da ich im Begriff bin, Beirut zu verlassen, kommt es mir wie ein entscheidender Schritt vor. Das Leben hatte hier freundliche Formen, und ich konnte, was ich tat, dem Massstab von ausgezeichneten Menschen unterwerfen. Ich war oft genug allein, hatte Zeit, meine Pläne streng zu erwägen, was nur am Anfang entmutigend sein kann, dann aber zu mancher Festigung verhilft.

Die einzige, furchtbar anwachsende Sorge ist nur, dass das Leben niemals ausreichen wird, eine einzige Anstrengung bis zu einem unanfechtbaren Ziel zu führen …

Dies ist überhaupt die grösste Gefahr einer langen Reise: Da man beständig aufbricht oder die Zeit möglichst nützlich und ohne allzu grosse Entmutigungen ausfüllt bis zum nächsten Aufbruch und dann jedesmal wieder abrechnet, als sei es endgültig, so ist man sich beständig bewusst, dass Tage derart vergehen und dann Monate, und dass das ganze Leben nur aus einer kleinen Zahl solcher Unternehmungen besteht. – Ja, diese ganze auf einer Reise verbrachte Zeit zeigt nur ein wenig unverkleideter und zusammengedrängt, wie wir unser ganzes Dasein verbringen: anfangs überschwenglich und mit zahlreichen und grossen Absichten, bald zufrieden mit den Realisationen am Wege, selten mit einem festumrissenen Ziel, noch seltener sicher über dessen Wert;

auf unsere innere und äussere Würde bedacht und darüber hinaus auf Harmonie mit dem, was wir lieben – und dies zu erreichen ist schon viel.

Im gewöhnlichen Leben, welches sich oft jahrelang wiederholt und forthilft, scheint natürlich alles fester und nicht vorübergehend; das Bewusstsein des »Episodenhaften« verliert sich, man glaubt leichter, dass jeder Tag zu einer Zukunft beitrage, und man vergisst, dass diese Zukunft eines Tages oder Nachts ihr unwiderrufliches Ende hat. Wer aber weiss, was dann noch zählt!

Es liegt am Zustand der Welt, dass man sich der Gefährdungen, Zufälligkeiten, Beschränkungen, die sich in den Ablauf eines kurzen Lebens mischen, so bewusst ist: Man weiss, dass sich die Welt unausweichlichen und grossen Veränderungen nähert, aber man weiss nicht, wie man sie überstehen wird. Deshalb ist man für jede ungestörte und leidlich friedlich überstandene Episode dankbar.

Blick auf Palästina

Die Reise von Beirut nach Jerusalem war von ungewöhnlichem Reiz. Zuweilen wurde man an die syrischen Küstenstrecken erinnert; doch war hier alles fruchtbarer, weicher und in mildere Farben getaucht. Dafür klangen Sidon und Tyros, die Namen der Seestädte, wie biblische Posaunenstösse, auch Saint-Jean-d'Acre begegnete uns, wo die ägyptische Armee Bonapartes, von der Pest heimgesucht, kehrtmachen und die wahnwitzige Eroberung aufgeben musste. Molen, Festungsmauern und graue Wachttürme erinnerten an jene Zeiten.

Der Wirt in Haifa war ein Templer, dessen Familie vor mehreren Generationen aus Württemberg ausgewandert war. Ein vergilbter Kupferstich zeigte die ersten Siedlerhäuschen, die neubestellten Felder und die Reben am Berge Karmel. Isaak hiess der Kellner, ein blasser Judenjunge, dessen Vater Arbeiter im Hafen von Haifa war. Vom Karmel aus überblickten wir die neuen Anlagen, die, noch im Bau befindlich, Haifa bald zum stärksten Hafen der Levante machen sollen. Auch eine der Pipelines von den irakischen Ölfeldern wird hier enden.

In der Nähe der Küste reihten sich nun die Orangenhaine, landeinwärts die Dörfer, die Felder, die Weiden. Jüdische und deutsche Siedlungen wechselten ab mit arabischen Dörfern, schönes Bauernland mit kahleren, dürftig bebauten Strecken. Dann wurde es wieder gebirgig, und ein Wegweiser trug in hebräischen und arabischen Buchstaben den heiligen Namen Nazareth.

Es war noch weit bis nach Jerusalem; die Nachmittagsstunden vergingen, eine eintönige Gebirgsstrasse mit vielen, gleichmässig gutgebauten Kurven erhöhte die hochgestimmte Spannung in sehr merkwürdiger Weise. Denn es galt, durch eine Wüste von Zweifeln den ersehnten Anblick zu verdienen – und wer kennte nicht jenen Zweifel an der Realität, der uns, dem Wort Vertrauende, ergreift, wenn ein Mensch oder ein Ort, den unsere Liebe seit langem phantasievoll umkleidete und beim Namen nannte, Gestalt annehmen soll?

Die Sonne stand noch am blassen Himmel, als es soweit war: Vor uns erhob sich ein gelber Hügelzug, Ölbäume bedeckten ihn teilweise mit dem edlen Silber ihres graugrünen Laubwerks. Und weiss ruhte die hochgebaute Stadt.

Hätte Salomos Tempel noch Zeugnis abgelegt, wären die Säulen noch erhalten, unter denen der zwölfjährige Jesus lehrte – der Blick auf Jerusalem hätte keine grössere Faszination geboten als heute, im durchwirkten Glanz der späten Stunde, als Kirchen und Moscheen und ein Kranz von Klöstern sich vor uns ausbreiteten, dazu Gärten und Häuserquartiere und Strassen, die nach allen Seiten in das gewellte Gelände liefen. Festlich war es, zugleich werktätig; das setzte sich in den Strassen der Stadt fort, wo Pilger, jüdische im Kaftan und christliche im mönchischen Gewand, den heiligen Stätten zustrebten, Schüler, Studenten, Arbeiter sie an Zahl übertrafen.

In der Halle des *King David* sassen die Engländer und Amerikaner, unverkennbare Sippe der reichen Reisenden. Zwei oder drei Strassen mit luxuriösen Kaufläden und Reisebüros waren ihnen zugedacht.

Unerträgliche Kälte herrschte in den steinernen Gängen und kleinen Räumen des Klosters der frommen Schwestern, bei denen ich wohnte. Am Abend spielte Bronisław Huberman mit dem philharmonischen Orchester von Jerusalem:

Brahms und Beethoven. Ausgehungert nach Musik, gingen wir hin, der Saal der *Zionshalle* fasste die Menschen nicht; Hebräisch, Englisch, Arabisch, am meisten Deutsch klangen durcheinander; draussen standen Arbeiter, junge Intellektuelle im Schein der Lampen; Schnee rieselte auf ihre Schultern.

Huberman hat nie für ein dankbareres Publikum gespielt und nie mit grösserer Andacht.

Den nächsten Vormittag verbrachte ich in der Hebräischen Universität und im Museum. Ich erinnerte mich der Argumente, die die Rückkehr nach Palästina als eine romantische Schwärmerei der Zionisten ausgeben wollen, die von keinem realen und praktischen Standpunkt aus haltbar und vernünftig sei. Aber welcher zivilisierte Mensch könnte sich ohne Bedenken in ein Land versetzen lassen, nennen wir es Brasilien, mit dem ihn keine Erinnerung verbindet, keine Herkunft, kein Kult, keine Historie und Legende, kein Zeichen des Namens und der Sprache?

Kein Land ausser Palästina kann den Gedanken des jüdischen Volkes tragen; daneben scheint das arabische Problem gering. Und nirgends als in Jerusalem ist jene Hochstimmung und Aktivität denkbar, die den so bitter notwendigen Optimismus gegenüber den sich häufenden Schwierigkeiten aller Art erzeugt. Wer unbefangen ist, möchte glauben, dass in dunkler Zeit, während aus unsrem Kontinent tatenlose Resignation und hysterische Betriebsamkeit sich schrecklich ergänzen, hier die Zukunft mit Mut und gutem Glauben vorbereitet werde.

Nach drei Tagen verliessen wir Jerusalem und fuhren durch die tiefe Falte des Toten Meeres, durch gelbe, fast leblose Gegenden zum See Genezareth. Auf der Landstrasse trafen wir schottische Truppen an, blonde, freundliche Burschen, in wehenden Röckchen marschierend – sehr zur Erheiterung der Kameltreiber, die ihnen auf den hohen Sätteln ihrer sanft schreitenden Tiere entgegenritten.

Der See Genezareth liegt unter dem Meeresspiegel, ein blauer Streifen zwischen den gelben Sandsäcken seiner Gebirge. Man weiss, dass hier Christus auf den Wogen wandelte, und sieht Petrus, der ihm entgegengeht, unsicheren Schrittes auf dem weissen Schaum und schon einbrechend, seinem Zweifel gemäss – aber der Heiland, ruhigen Herzens, streckt ihm die Hand entgegen und zieht den Versinkenden an sich.

Am Ufer, damals nicht viel bewohnter als heute, stehen ein paar Menschen im Wind und erblicken das Wunder …

Wir hielten uns in Tiberias nicht lange auf. Cook-Hotel, Postkartenverkäufer und Bettler, ein vorgekochtes Menü, der übliche Fremdenbetrieb störten unseren Frieden. Wir fuhren dem schimmernden Ufer entlang, vorbei an der Einsiedelei und einigen tiefgrünen Wiesenstreifen; von weitem sahen wir schon den schneebedeckten Hermon.

Bald erreichten wir die karge, steinige Hochebene, und der Hermon wuchs zu einem Strom von Eis und Schnee, der weithin nach Nord und Süd die Ebene beherrschte und den Himmel mit Pfeilen von Licht erfüllte.

Ein einsames Zollhaus stand an der Grenze der Länder Syrien und Transjordanien. Im Schatten eines mächtigen Baumes stand ein Reisewagen, mit zwei Pferden bespannt. Der Kutscher kniete nebenan auf der Erde und betete, denn es war die Mittagsstunde.

In der Tiefe floss ein Bach voll milchigen Schneewassers, rauschend und schaumwerfend, über bemoostes Geröll. Eine schöne steinerne Brücke schwang sich in massvollem Bogen hinüber. Am Abhang warteten zwei gesattelte Schimmel; wir sassen nahe von ihnen in der Sonne und warteten auf unsere Pässe.

Damaskus erreichten wir am frühen Nachmittag.

Wir verbrachten den Abend in einer düsteren Bar, wo greuliche Fratzen grellfarbig die Wände schmückten. Blonde Mädchen tanzten gelangweilt mit arabischen Jünglingen, eine Kapelle spielte, eine starke, männlich gekleidete Dame sass am Schlagzeug und plauderte französisch zu uns hinüber.

Dort sah ich Fawas al-Schaalan, den Enkel Nuris, Scheich der Ruwala-Beduinen vom grossen und kriegerischen Stamm der Anisa. Er wurde von mehreren Beduinen, seinen Halbbrüdern, begleitet und dem Chauffeur, den er meistens an seiner Seite hat.

Sie tranken Tee und sassen würdig in ihren goldbestickten Mänteln, leise sprechend, zwischen den blonden Mädchen in glitzernden Abendkleidern, die sich an ihren Tisch drängten.

Am nächsten Vormittag empfing uns Fawas, wie wir es verabredet hatten, in seinem Stadthaus.

Das Haus liegt mitten in der Stadt, doch braucht man nur das äussere Tor zu durchschreiten, um sich zu vergewissern, dass hier eine Welt sich bewahrt, seit Jahrhunderten von den gleichen Kräften der Wüste, des Stammes, des Nomadengesetzes genährt. Vielleicht ist sie heute im Begriff, sich aufzulösen. Nicht lange kann ein freiheitgewohntes Volk die Berührung mit den in Gesetzen gross gewordenen abendländischen Mächten ertragen, und nicht lange duldet die Grenzziehung der Mandate die schrankenlosen Wanderungen, die für die Existenz grosser Nomadenstämme notwendig sind.

Fawas, ein schöner junger Mensch von fürstlicher Haltung und Liebenswürdigkeit, leugnet solche Tatsachen.

Er ist nicht ungebildet noch uneinsichtig. Aber die Gesetze ihrer Lebensformen sind ihm Gesetze des Glaubens. Religion, Politik, Raubkrieg und die Ehre des Kampfes sind für ihn väterliche Gewalten, deren Autorität niemand anzweifelt, ohne sich ins Verderben zu bringen.

Er lässt uns am Tor von einem Negersklaven empfangen. Im Vorzimmer schlafen Wächter oder Leibjäger: Einer hält einen schönen Jagdfalken neben sich, der mit glänzenden, unruhigen Augen um sich blickt.

Die Halbbrüder und der Chauffeur, als Dolmetscher, begleiten uns in das Zimmer, wo Fawas in einem dunkelblauen, silberbestickten Mantel uns empfängt.

In der Mitte des Zimmers kniet ein alter Neger vor dem Kohlenbecken und bereitet den Kaffee, der uns in winzigen Mengen angeboten wird.

Fawas spricht langsam und aufmerksam; wenn er sich bewegt, tut er es mit einer beinahe frauenhaften Anmut. Er spricht von den Tugenden seines Stammes, welche die einzig würdigen eines Mannes sind: Klugheit und kriegerischer Mut. Dann über die Gewohnheiten der Ehe, zu der man nur ein Mädchen aus der eigenen Sippe wählt oder aus einer gleich hochgestellten, doch nur dann, wenn zwei Brüder ihre Schwestern auszutauschen bereit sind.

Er lädt mich ein, ihn draussen in den Zelten der Ruwala zu besuchen, denn nun beginnt wieder die Zeit der Wanderungen, die die Ruwala trotz der Grenzvorschriften bis hinunter in die Stammesheimat führen: Nadschd in Saudi-Arabien.

Ibn Saud, der König von Saudi-Arabien, ist ein Verwandter der Scheichs der Ruwala. Man lobt seine Tapferkeit, lässt aber massvolle Kritik durchblicken: Er ist nicht von so vornehmer Abkunft wie der Emir Faisal.

Wenn der Name eines dieser Grossen fällt, zuckt das dunkle Gesicht des jungen Fawas. Er ist ehrgeizig. Es freut ihn, von mir zu hören, dass der Haut-Commissaire in Beirut das graue Pferd – seines Grossvaters Nuri Geschenk – zu schätzen weiss. Und zeigt uns beim Abschied ein Bild, welches ihn, einen schönen Knaben, auf einem berühmten, schnellen Hengst darstellt, im fürstlichen Schmuck seiner jungen Würde …

(1) Fischhändler, Istanbul, Türkei

(2) Süleymaniye-Moschee, Istanbul, Türkei

(3) Istanbul, Türkei

(4) Beyazıt-Platz, Istanbul, Türkei

(5) Istanbul, Türkei

(6) Istanbul, Türkei

(7) Istanbul, Türkei

(8) Istanbul, Türkei

(9) Ankara, Türkei

(10) Ankara, Türkei

(11) Ankara, Türkei

(12) Minenarbeiter, Ankara, Türkei

(13) Ankara, Türkei

(14) Ankara, Türkei

(15) Ankara, Türkei

(16) Ankara, Türkei

(17) Innenministerium im Bau, Ankara, Türkei

(18) Ankara, Türkei

(19) Ankara, Türkei

(20) Ankara, Türkei

(21) Ankara, Türkei

(22) Ankara, Türkei

(23) Sultan Han, Türkei

(24) Sultan Han, Türkei

(25) Hauptmagazin, Sultan Han, Türkei

(26) Hauptportal, Sultan Han, Türkei

(27) Sultan Han, Türkei

(28) Dorf mit Ehrenpforte, Anatolien, Türkei

(29) Anatolien, Türkei

(30) Anatolien, Türkei

(31) Wachposten, Anatolien, Türkei

(32) Anatolien, Türkei

(33) Göreme, Türkei

(34) Höhlenwohnungen, Göreme, Türkei

(35) Göreme, Türkei

(36) Kayseri, Türkei

(37) Han, Kayseri, Türkei

(38) Hafenansicht, Haifa, Palästina

(39) Die »Gerusalemme«, Haifa, Palästina

(40) Die »Gerusalemme«, Haifa, Palästina

(41) Segelschiffe, Haifa, Palästina

(42) Die »Gerusalemme«, Haifa, Palästina

(43) Gesimsfragment, Grosser Tempel, Baalbek, Libanon

(44) Detailansicht Kapitell, Grosser Tempel, Baalbek, Libanon

(45) Zitadelle, Aleppo, Syrien

(46) Zitadelle, Aleppo, Syrien

(47) Aleppo, Syrien

(48) Aleppo, Syrien

(49) Zitadelle, Aleppo, Syrien

(50) Zitadelle, Aleppo, Syrien

(51) Aleppo, Syrien

(52) Aleppo, Syrien

(53) Aleppo, Syrien

(54) Im Hintergrund Aufgang zur Zitadelle, Aleppo, Syrien

(55) Wasserschöpfräder, Homs, Syrien

(56) In einem Fischerdorf, Syrien

(57) Ain Sofar, Libanon

(58) Ain Sofar, Libanon

(59) Irak

(60) Euphrat, Irak

(61) Zikkurat von Ur, Irak

(62) Irak

(63) Ischtartor, Babylon, Irak

(64) Ktesiphon, Irak

(65) Zikkurat, Uruk-Warka, Irak

(66) »Rösslitram« in der Wüste zwischen Kufa und Karbala, Nadschaf, Irak

(67) »Rösslitram« in der Wüste zwischen Kufa und Karbala, Nadschaf, Irak

(68) Wüstenfriedhof, Nadschaf, Irak

(69) Moschee, Kadhimain, Irak

(70) Moscheetor, Kadhimain, Irak

(71) Festung, Uchaidir, Irak

(72) Nomadenwanderung im südlichen Irak

(73) Bagdad, Irak

(74) Bagdad, Irak

(75) Bagdad, Irak

(76) Brücke über den Tigris, Bagdad, Irak

(77) Boot auf dem Tigris, Bagdad oder Kut, Irak

(78) Tigris, Bagdad, Irak

(79) Bagdad, Irak

(80) Guffa auf dem Tigris, Bagdad, Irak

(81) Holzbrücke, unlokalisiert, Persien

(82) Wasserkanal, im Hintergrund ein Tell, Persien

(83) Persien

(84) Persien

(85) Am Kaspischen Meer, Persien

(86) Strasse zwischen Bagdad und Teheran, Persien

(87) Peitak-Pass, Persien

(88) Gebäudehalle, unlokalisiert, Persien

(89) Elbursgebirge, Persien

(90) Grosse Moschee, Waramin, Persien

(91) Haus mit Strohdach, Mazanderan, Persien

(92) Köhlersiedlung, Mazanderan, Persien

(93) Fischer beim Zerlegen von Stören, Maschhad-e Sar, Persien

(94) Nomaden bei Persepolis, Persien

(95) Nomadenzelt bei Persepolis, Persien

(96) Überreste der Vorhalle für Xerxes, Persepolis, Persien

Irak

Bagdad, am 29. Januar 1934
Vor meinem Fenster strömt breit und gelb der uralte Tigris. Palmen stehen am jenseitigen Ufer, grosse Ruderboote gleiten zur Brücke des Generals Maude hinab; drüben gibt es Soldaten, ihre Signale schmettern von Zeit zu Zeit im Dreiklang in den morgendlichen Himmel.

Die Uhr ist wieder um eine Stunde vorgerückt; ich bin schon weit im Osten. Die Wüste gibt hier das Gefühl der Entfernung. Professor Jordan erzählte mir gestern, dass er früher einundzwanzig Tage gebraucht habe, um mit einer Karawane von Aleppo bis Bagdad zu reisen. Das mag freilich eine andere Erfahrung gewesen sein, und wir versäumen heute viel. Aber jeder Zeit sei das Ihrige gegönnt; über nichts bestimmen wir weniger als über unsere Erlebnisse.

Ich bin von Damaskus in Stunden hierhergeflogen. Man weckte mich im Hotel *Omayad* um halb drei Uhr morgens; ein Auto holte mich ab, alles vollzog sich in grosser Geschwindigkeit, und schon fuhren wir auf der lichterbesetzten Strasse zum Flugplatz hinaus. Neben uns lagen die geisterhaft leeren Hügel, die ersten Begleiter der Karawanen, die ja auch meistens nachts aufbrechen. Aber sie wichen unmerklich zurück und gaben der Ebene Raum; da waren auch schon die grossen Schuppen, die roten Lämpchen, wir bogen von der Strasse ab und hielten gleich darauf neben dem Flugzeug, dessen Propeller schon liefen und blaue Garben aussandten. Es war sehr kalt. Arbeiter und Mechaniker liefen umher. Die Piloten standen in ihrem dicken Lederzeug und rauchten und betrachteten schweigend den grossen zitternden Körper der Maschine. Dann rollten wir über den Platz, zwischen den roten Lämpchen hindurch, erhoben uns mit einem Ruck, änderten die Richtung und schwebten schon über den Lichtern der Stadt. Die Nacht schien hell, ein weisser Streifen bezeichnete den Horizont, ein schwacher gelber Glanz lag über den Gärten von Damaskus. Man erkannte die ummauerten Vierecke, die dunklen Flecken beackerter Erde, die silbrigen Ölhaine. Die Strasse, die aus der Wüste kam, lief nun plötzlich, am Ende aller Mühen, durch diese fruchtbaren Mosaike und gab der Stadt ihre poetischen Beinamen im Mund der Araber. Aber bald wurde die Erde still, der Glanz erlosch, es waren nur noch Hügel, die sich wie der Faltenwurf eines Kleides nach allen Seiten verliefen.

Manchmal ein Dorf: ein fester Platz, ummauert mit den nackten, fensterlosen Wänden der äussersten Häuser, und alles ineinandergebaut, Hof an Hof; dazwischen liefen die schmalen Gassen, und am Ost- und Westende verliess eine Spur das Dorf und verlor sich in der Nacht.

Bald hörten auch die Dörfer auf, und in tiefer Dunkelheit flogen wir über die ungeborene Welt, die Wüste.

Nach zwei Stunden begann die Dämmerung. Hinter uns war sie blau wie Pastell, vor uns blieb der Himmel schwarz und brach sich violett und stahlblau an der roten Wand im Osten. Die weissen Feuerräder der Propeller erloschen, bleiches Licht umgab uns. Ich sah jetzt die Wüste, die sich aus dem Schlaf befreite, und es war, als sei man der erste Mensch und die Erde tauche soeben aus der Urnacht und werde vom frühen, milchigen Licht getroffen.

Als die Sonne nach langer Zeit aufging, war sie wie eine rote Flamme, und man sah nichts mehr. Erst allmählich floss das Licht über die Hügel, sie erglänzten einer nach dem anderen, teilten sich in einen schattigen Abhang und einen glänzenden und folgten weithin wie Wellen aufeinander.

Der Sand zeichnete die Linien der Hügel in unregelmässigen Umrissen, dazwischen verliefen die ausgetrockneten Wadis; manchmal sah man auch Spuren, spärliche Linien, die sich irgendwo verloren. In einigen Wadis hatte sich während der letzten Regen Wasser angesammelt. Es lag als schwarzes Auge in den länglichen Brunnen.

Als die Hügel aufhörten und nur die flache Wüste da war, sahen wir die ersten Gazellenherden. Sie flohen, weisse Tiere, von ihren Schatten begleitet, unter uns hinweg.

Es wurde Tag. Der Pilot winkte mir, nach vorn zu kommen, und zeigte mir vor uns, noch weit entfernt, den schimmernden Euphrat. Gleich veränderte sich unten das Bild: Es gab wieder Hügel und breite Einschnitte wie von alten Flussbetten, in ihnen dunklere Erde und schönbearbeitete kleine Äcker den Rändern entlang. Nomadenzelte, von einem Wall aus Dorngesträuch umgeben, bildeten fremdartige Siedlungen. Kamele lagerten zwischen den Anwesen, Rauch stieg auf, Eselreiter zogen alten Spuren nach in der Richtung des lebenspendenden Flusses. Rechts lag der See. An seinen salzigen Ufern sah man Schafherden, dann Reiter, pflügende Fellachen hinter weissen Ochsen, Flussufer, mit Palmen bestanden, eine Brücke, eine kleine Stadt. Überall regte sich Leben, ländliche Tätigkeit, die Kultur der Ebene. Es war ein wunderbares Panorama, ein friedlicher Anblick, wie er sich seit fünftausend Jahren an diesem Ufer bietet …

Plötzlich neigte sich das Flugzeug. Einen Augenblick lang sah ich neben mir den Fluss und die Palmenhaine an Stelle des schrägen Himmels, und die Moschee von Kadhimain mit den goldenen Türmen warf sich uns schwindelnd entgegen. Das Häusermeer Bagdads kreiste um uns, war ganz nahe, entfernte sich wieder, die Ordnung stellte sich her, und wir rollten schon über das Flugfeld und landeten.

Ur, Erech und Babylon

Bagdad, 7. Februar 1934
Es regnet seit gestern abend. Die Kälte scheint gebrochen, und der Regen nimmt sich wie ein lauer, langanhaltender Frühlingsregen aus. Als ich gestern nacht von der Deutschen Gesandtschaft nach Hause fuhr, war der Weg schon aufgeweicht; von Reiten kann morgen keine Rede sein. Auch nach Tell Asmar werde ich nicht fahren können, sondern zunächst einige Tage in der Stadt festsitzen.

In Europa spielt das Wetter kaum mehr eine Rolle; hier ist man noch vom Wasser, vom Staubsturm, vom Fluss abhängig und steht dadurch zur Natur in einer nahen Beziehung. Man versteht, dass die Menschen hoffend und fürchtend zu den Göttern beten und dass ihre Gewalten unserm Willen gegenüberstehen und immer den Sieg davontragen. Das gibt eine ganz andere Geduld.

Wären wir gestern nachmittag nicht gerade vor Beginn des Regens aus dem Süden zurückgekommen, so würden wir jetzt vermutlich irgendwo zwischen Kut und Ktesiphon im Schlamm stecken. Und der Himmel bewahre mich vor einer zweiten Nacht in Kut! Aber der Ausflug nach Süden war ausserordentlich, ein Erlebnis, welches ein Stück Europa-Hochmut in Stücke schlug.

Ich war Freitag abend mit Dr. Jordan aus Babylon zurückgekommen – es ist schade, dass diese Ruine so leicht erreichbar geworden ist. Nun fahren Scharen von Ausflüglern dorthin, mit Picknickkörben und englischem Geplauder, durchschreiten Babel und treiben sich respektlos auf dem Pflaster von Nebukadnezars Prozessionsstrasse herum, erkennen erfreut die schönen, klug schreitenden Fabeltiere am älteren Ischtartor, die bescheidenen Geschwister der späten, blauglasierten, welche man vorher im Museum von Bagdad gesehen hat, und der Löwe, den Miss Bell auf ein Postament stellte, damit er leichter fotografiert werden kann, hält langmütig dem täglichen Ansturm der Kodaks und Leicas stand. Aber ich vermute, dass es ihm nicht viel anhaben kann; er späht über alles hinweg nach der Ebene, während der Mensch unter ihm sich verzweifelt auflehnt und mit den klobigen Händen in seine Mähne greift; man sieht schon: vergebens.

Man hat gesagt, dass der »Löwe von Babylon« für seine Erzeuger den Beweis einer naturalistischen Begabung liefere, die ihnen sonst fehle. Aber er wirkt nicht entfernt so unbeschwert anregend und erfreuend wie die ägyptischen Jagdtiere der Amarna-Zeit – er steht ihnen nicht näher als dem babylonischen Symbol und den Fabeltieren (für die uns meistens die Phantasie und die Einbildungsgabe fehlen). Ich glaube, er ist das Werk eines verhältnismässig freien Geistes innerhalb einer gebundenen Welt, eines grossen Künstlers, der aber den tiefen Gesetzen der religiösen Offenbarungskunst nicht entgangen ist. Vermutlich wäre der Löwe im Lauf der Zeit zu einem Symbol geworden; für uns ist er erst eine Vision, aber schon viel mehr als »naturalistisch«, eben noch unserm Verständnis zugänglich.

Ich sah Dr. Jordan nachdenklich und, so schien es mir, mit leichtgetrübtem Auge vor seinem Löwen stehen. Es kann für ihn keine Freude sein, der wachsenden »Profanierung« der Weltstadt Nebukadnezars und Alexanders durch so viel unberufene Touristenneugier beizuwohnen.

Aber wie nahe steht uns noch Alexander! In Babylon fand seine Hochzeit mit Roxane statt und die Massenhochzeit seiner makedonischen Offiziere mit persischen Frauen, und hier starb er und erlag seinem europäischen Schicksal: verstrickt in ein Abenteuer, welches über seine Kraft ging.

Auf der Rückfahrt von Babylon hatten wir ziemlich starken Wind und viel Staub. Es war das erste Mal, dass ich einen »Sandsturm« sah, von dem hier so viel gesprochen wird. Aber er war nur ein kleiner Anfang.

Noch am späten Abend wurde ich von einem Herrn angerufen, der mir vorschlug, am nächsten Tag mit einer jungen Amerikanerin und einem palästinensischen Ingenieur nach Ur und Warka zu fahren. Ich sagte sofort zu, packte meine Sachen und machte mich auf halb acht Uhr morgens bereit.

Es war ein sehr schlechter Tag. Bis Hilla hatten wir starken Sturm und kamen nur langsam vorwärts. Der Sand sah wie dicker Nebel aus, und man verlor nach kurzer Zeit jede Orientierung und folgte blind den breiten Wagenspuren, welche man hier als »Strasse« bezeichnet. Manchmal tauchten dicht vor uns Kamele oder Reiter schattenhaft auf, und zweimal begegneten wir Lastwagen und stiessen beinahe mit ihnen zusammen. Das grosse Pfeifen des Windes war sehr schön und gab den Eindruck unendlicher Weite, aber der Staub verschloss sie und engte uns ein, und man glaubte sich in einer anderen Welt mit unbekannten Sensationen. Unsere Handtaschen, Decken und Mäntel waren sofort mit einer dicken Staubschicht bedeckt; nach einiger Zeit begannen wir zu husten und hatten ausgetrocknete Kehlen. Von Babylon sah ich diesmal nichts ausser dem Hügeltor Babylon und einem Wegweiser. Ich glaubte, dass wir vielleicht doch, wie es im Märchen von der Stadt Vineta auf dem Meeresgrund erzählt wird, die Jahrtausende übersprungen hätten und nun mit sausenden Ohren und leicht erblindeten Augen den Wegweisern »nach Kisch« und »nach Babylon« begegneten und dass demnächst ihre Stadtmauern aus der Ebene auftauchen würden.

Hinter Hilla wurde das Wetter besser. Wir folgten eine Strecke weit dem Flussufer und fuhren durch grosse Gärten und Palmenwälder. Ausserhalb des Flusses ist hier Wüste, aber die Ufer des Euphrats und die der grossen Kanäle sind liebliche, gesegnete Strassen; das Leben findet sich hier zusammen, es gibt hellgrüne Grasflächen und braune, frisch gepflügte Äcker; man sieht Esel und Büffel weiden, und die grossen Segelboote tauchen zwischen den Palmen auf und fahren langsam flussabwärts. Es ist ein Bild wie aus den Frühzeiten der Erde, und ich will nicht zweifeln, dass die Menschen, die aus der Wüste zu diesen schönen Ufern kamen, sich so und nicht anders den Garten des Paradieses vorstellten.

Man lernt hier die einfachen Gesetze der Menschheit wie aus einem Bilderbuch: Die schönen, blühenden Ortschaften liegen unweigerlich an einem Flussarm, der reichlich Wasser führt – so Hilla und Samawa, dessen Schiffsbrücke und Basar und Reismühlen wir fotografierten. An den trockenen Kanälen liegen die verlassenen Dörfer und unten im Süden die begrabenen Königsstädte, deren Gärten in Wüste verwandelt wurden, weil der Euphrat nach Westen wanderte und die nachkommenden Geschlechter den Kanal Hammurabis vernachlässigten.

Es wurde früh dunkel, aber man wusste nicht, ob es schon die Abenddämmerung war oder ob der Sand die Sonne verdeckte und uns in diese sonderbare, gleichmässige gelbe Nacht hüllte. Ich hatte den Eindruck, dass wir viele Stunden so gefahren seien: immer in der Ebene, die endlos schien oder kreisrund, und wir darin gefangen und fast schwindlig von den wehenden, auf und ab gleitenden Staubschwaden.

Gegen fünf Uhr klärte es sich plötzlich auf, und wir sahen hinter uns die Sonne untergehen. Es war ein herrliches Schauspiel, und der Himmel glänzte weithin von den farbigen Strahlen, bevor er erlosch und nur noch ein schmaler gelber Streifen übrigblieb.

Die Leute fahren hier ungern in der Dunkelheit. Man fühlt sich schon am Tag verlassen genug. Aber des Nachts wird es fast unerträglich, und man ist nur noch ein einziger Punkt in einem grossen Kreis von Wind, Ebene, Sand, schwarzem Horizont.

Es war eine schreckliche Einsamkeit. Wir trafen lange Zeit nichts Lebendiges mehr an ausser ab und zu ein Beduinenzelt. Man sah die Bewohner um ein kleines Feuer sitzen, welches vor dem Eingang brannte. Auch die Frauen erkannte man, sie waren unverschleiert und sahen dunkel und schön aus und reich geschmückt. Aber wahrscheinlich war der blitzende Schmuck sehr gewöhnlich, denn die Nomaden dieser Gegend sind meistens arm. Es ist fast unbegreiflich, wie sie in solcher Abgeschlossenheit existieren können. Doch sie sind anspruchslos, und Entbehrungen bedeuten ihnen nichts; sie haben ja Zeit. Wir fuhren an ihren roten Feuern vorbei, den einzigen Lichtern in der Nacht, und dann wieder in das Dunkel vor uns. Die Strasse war sehr schlecht. Manchmal war sie eine runde Mulde wie ein trockenes Bachbett, manchmal breitete sie sich aus und war nur ein breiter Spurenstreifen in der Ebene.

Endlich erreichten wir einen Wald und wussten, dass wir in der Nähe von Wasser waren. Wir tauchten unter und befanden uns unter einer Decke von verschlungenen Ästen und Laubwerk und unter schwerer, feuchter Luft. Wir kamen zu einer Lehmhütte und riefen, bis der Besitzer herauskam: ein dunkler Araber, fast so schwarz wie ein Neger, nur mit einem kurzen weissen Hemd bekleidet. Er erklärte unserm Chauffeur den Weg nach Ur, und wir fuhren tiefer in den Wald hinein und atmeten die warme Treibhausluft. Die Strasse war ein schmaler Damm zwischen den tiefen, dunklen und verschlungenen Pflanzen. Der Boden musste hier sumpfig sein.

Als wir wieder ins Freie kamen, sahen wir rechts von uns die Lichter von Ur Junction: eine ausgedehnte Reihe von Lampen in regelmässiger Entfernung; wir vermuteten, dass es die Bahnlinie sei. Wir erreichten den Ort eine halbe Stunde später.

Ich dachte daran, dass wir uns nun auf dem Boden von Abrahams Herden befanden, aber es sagte mir nichts, und ich wünschte nur, dass wir möglichst bald das Rasthaus finden würden. Es war ein sehr kleines Haus mit einem Schlafraum und einem Wohnraum, der ziemlich sauber und angenehm aussah. Ein Inder bediente uns still, ein netter alter Mann, der die Betten überzog, Tee bereitete und sogar aus irgendeiner Stationskneipe spärlichen, schlechten Whisky und laues, fad schmeckendes Wasser brachte.

Ich schlief sehr gut und erwachte erst um halb sieben Uhr. Die anderen hatten fast gar nicht geschlafen und waren schon auf und warteten, ob es gutes Wetter geben würde. Es wurde hell, während wir frühstückten; wir sahen, dass wir einen schönen Tag vor uns hatten.

Wir fuhren an der Station vorbei über die Eisenbahnschienen und über die Pipeline, welche das Wasser vom Fluss zur Station leitet. Die ganze Zeit sahen wir die Zikkurat von Ur vor uns und waren alle überrascht, wie gross und beherrschend sie war und wie gut erhalten. Es war Sonntag; es wurde deshalb nicht gegraben, aber Herr Woolley war schon angezogen und führte uns zur Zikkurat und in die archaischen Königsgräber, aus denen der berühmte Schmuck stammt. Am meisten interessierte mich die Stadt mit dem »Haus Abrahams«, weil sie genau die Anlage eines modernen arabischen Ortes hat, mit den gleichen engen Gassen und den L-förmigen Korridoren, die das Innere des Hauses vor den Blicken Neugieriger schützen. Ein wenig später kam auch Mrs. Woolley und begleitete uns bis zu der Stelle, wo dieses Jahr gegraben wird.

Man hat im vergangenen Jahr in der Nähe der jetzigen Grabung Gräber aus der Dschemdet-Nasr-Zeit gefunden und hofft nun, auf einen Begräbnisplatz dieser Periode zu stossen. Natürlich sahen wir auch die Tiefgrabung, wo Woolley die Ablagerung der »Sintflut« festgestellt hat. Er spricht von diesen Dingen mit grosser Liebe und so, als handle es sich um Ereignisse von gestern. Man verliert dadurch den Respekt vor den Jahrtausenden und erfasst leichter, dass es sich um menschliche Schicksale gehandelt hat, deren Spuren wir hier noch finden. Ich für mein Teil zweifle, ob diese Methode der Popularisierung wirklich den geschichtlichen Vorgängen gerecht wird. Alles, was man in Ur sieht, ist schon ein Programm geworden: die »Königsgräber«, der »Golddolch«, das »Haus Abrahams«, und man muss sich erst darauf besinnen, dass die Funde von Ur ja in irgendwelche Zusammenhänge und Abläufe und namentlich auch in die wissenschaftliche Diskussion gehören.

Herr Woolley kann allerdings nichts dafür, dass Ur durch die Station Ur Junction so leicht erreichbar geworden ist. Ur besucht zu haben wird bald zum guten Ton des irakischen Touristenkodex gehören.

Wir fuhren um elf Uhr von Ur weg, kauften in Nassirija Benzin und fuhren auf Anregung von Herrn Woolley nordwärts nach Schatra. Gewöhnlich geht man, um nach

Uruk-Warka zu kommen, nach Chidr, setzt dort über den Euphrat und hat dann bis Warka noch ungefähr drei viertel Stunden zu fahren. Wir wollten vermeiden, über den Fluss zu setzen, machten auf diese Weise aber einen enormen Umweg. In Schatra gab man uns einen Führer mit. Schatra ist eine richtige Flussstadt: Man fühlt, dass sie wie Hilla nur durch den Fluss existiert und dass sich das ganze Leben um den Fluss abspielt. Wir sahen die Frauen aus den Hoftüren kommen und mit grossen Tonkrügen zum Ufer hinabgehen; kleine Mädchen trugen sorgfältig flache Schalen voll Wasser über die Strasse, eine Mutter wusch den verwundeten Fuss ihres Bübchens im Fluss und umwickelte ihn dann sorgfältig mit einem alten Tuchfetzen. Auf der Brücke und am Ufer entlang standen die Männer beisammen, rauchten und spuckten und tranken Kaffee; ein grosser Überland-Omnibus kam gerade angefahren, der Chauffeur mit schwarzweisser Kufija liess sich ein Glas Wasser geben und trank es in einem Zug leer. Und dies alles spielte sich am Ufer ab, man hörte Singen und die traurigen Eselschreie, Knaben spielten im seichten Wasser, und ein Kind hob sein Kleid hoch, bückte sich und schöpfte umständlich mit der kleinen Hand das Wasser zum Mund.

Inzwischen kam unser Führer, ein alter, prächtig aussehender Beduine, mit einer langen Flinte bewaffnet. Er ist der Führer der Gendarmerie von Schatra und kennt die Wüste seit dreissig Jahren. Er setzte sich neben den Chauffeur, legte die Flinte zwischen die Knie, und die Fahrt begann. Wir verliessen bald die Strasse und das Flussufer und bogen nach links ab. Zuerst gab es viele Spuren, denen wir folgten, aber sie verteilten sich, gingen auseinander, kreuzten sich irgendwo wieder, ohne dass man darin ein vernünftiges System hätte erkennen können. Und bald fuhren wir überhaupt ins Leere, nach Westen, der sinkenden Sonne zu, immer tiefer in Sand und Weglosigkeit. Es gab Büsche, Dünen, manchmal ein ausgetrocknetes Wadi. Der Beduine fand die Richtung, wie ein Hund eine Spur findet: Er wich manchmal ein wenig nach links und rechts ab, machte einige Kurven, die uns sinnlos schienen, und befand sich auf diese Weise plötzlich wieder auf einer Spur, die man jetzt, gegen die Sonne, schwach erglänzen sah. Dabei sprach der Alte unentwegt; ich liess mir sagen, dass er von seinen Wüstenreisen und Abenteuern erzähle, aber ich verstand kaum hier und da ein Wort und fand den rauhen, erregten Ton seiner Stimme ziemlich unangenehm. Wir kamen zu dem geschlossenen Expeditionshaus einer Grabung, welche die französische Expedition von Tello letztes Jahr begonnen hat. Dort stieg ein Beduine zu uns ein, der die Aufsicht über die Ruinen des Gebietes hat, eine Art Polizeibeamter. Er hatte auch ein Gewehr bei sich, so dass wir nun doppelt geschützt waren. Er war jung und beinahe schwarz, aber ganz ohne negroide Züge – ein sehr wild und sehr gutaussehender Mann.

Wir befanden uns jetzt mitten in der Wüste und durchquerten den breiten, trockenen Schatt al-Kar, der einmal der alte Euphrat gewesen ist. Es gab Städte und Gärten und Felder an seinem Ufer, und das Land war voll von Leben. Jetzt läuft der Schatt al-Kar wie ein verlassener Riese durch die Wüste; als wir über die steile Böschung hinunterfuhren, sagte ich, um gerecht zu sein, etwas von »gesegnetem Boden«, aber es gibt nur Schakale und Schlangen, die davon noch etwas halten …

Wir dafür hatten die schreckliche und fast schon schöne Eiligkeit aller menschlichen Bestrebung vor unseren Augen, aber ich gestehe, dass ich geneigt war, angesichts der Wüste, die einmal der Boden der frühesten Kultur gewesen ist, an allen Realitäten der Vergangenheit wie der Zukunft zu zweifeln, denn wir glauben so recht von Herzen doch nur an den Augenblick, den es nicht gibt.

Wir kamen kurz vor Sonnenuntergang nach Warka. Die Sonne hatte uns schon lange als gelber, von Dunst eingehüllter Ball begleitet und sank nun langsam, ein getragenes Götterbild, unter den Rand der Wüste.

Wir sahen zuerst Dr. Heinrich und Dr. Falkenstein und später die anderen Mitglieder der Expedition. Sie sind alle ziemlich jung und sehen aus wie Leute, die zu arbeiten verstehen. Sie gleichen gar nicht den amerikanischen Ausgräbern, die immer etwas vom Boy-Scout beibehalten, sondern sie sind junge Wissenschaftler, die sich in einem wahren Fieber der Arbeit befinden und sich ganz ihrer Aufgabe bemächtigt haben – oder vielmehr, die Aufgabe hat von ihnen Besitz ergriffen. Dieser Eindruck bestätigte sich mir am nächsten Tag, und ich fühlte, wie von dieser Ausgrabung eine gefährliche Intensität ausging, der man sich wahrscheinlich nicht entziehen kann, wenn man sich erst einmal mit den Jahrtausenden einlässt …

Am Abend gab es ein Gewitter, das nicht richtig zum Ausbruch kam. Wir sahen, vom Dach des Expeditionshauses, die Blitze und den roten, feurigen Schein am Rand der Wüste und die gelbgefärbten Wolken, welche wie riesige Tierherden über die endlosen Sandflächen gejagt wurden. Und die ganze Nacht hindurch hörte man den Wind um das Haus pfeifen.

Ich stand am nächsten Morgen um sechs Uhr auf und sah, wie der Tag in der Wüste beginnt. Vor dem Expeditionshaus stehen die Hütten der Arbeiter aus Hilla, aus Strohmatten gemacht und mit runden Tonnendächern. Die

Frauen kamen heraus und machten Feuer; auch im Hof brannte ein Feuer, und einige Männer sassen davor, an die Wand des Hauses gelehnt, und wärmten sich. Unsere beiden Beduinen standen mit ihren langen Gewehren draussen wie Wächter. Es wurde sehr rasch hell, und die Wüste bekam eine warme graue Farbe. Man sah die Sonne nicht aufgehen, der ganze Horizont war mit Nebel bedeckt, und das Licht wurde gebrochen und rieselte durch die poröse Wand.

Um sieben Uhr begann die Arbeit. Man sah von allen Seiten Männer auf die Zikkurat zukommen, die einen aus einem entfernten Dorf, die anderen von einem zweiten Lager, das ich nicht sah. Die Frauen gingen in ihre Hütten und blieben den ganzen Tag verschwunden.

Wir waren nachher vier Stunden auf der Ausgrabung, und diese Zeit genügte kaum, um das Wichtigste zu sehen, obwohl ich die Grundrisse und Pläne der Stadt schon kannte. Ich war natürlich am meisten auf die archaischen Schichten an der Südseite von Eanna gespannt, und obwohl in diesem Jahr auch an anderen Stellen sehr wichtige Grabungen im Gang sind, merkt man doch gleich, dass das eigentliche fieberhafte Interesse sich auf diese Schichten konzentriert. Es ist ein aufregender Augenblick, wenn man zum erstenmal in die Tiefgrabung hinuntersieht, die Dr. Jordan 1930/31 begann, und unten den Schlick des natürlichen Bodens erkennt, der einmal der Grund des Persischen Golfes war. Darüber bemerkt man die Schicht der frühesten Siedler, die Schilf zu einem festen Boden zusammentraten und ihre Hütten, ebenfalls aus Schilf, darauf errichteten. Und so, Schicht um Schicht, bis zu den Fundamenten der Periode IV, die immer noch weit vor den Anfängen unsrer datierbaren Geschichte liegt und schon der Höhepunkt einer wundervollen Kultur war. Die Grabung ist so weit vorgerückt, dass man sich leicht das Bild jener glänzenden Stadt vorstellen kann, mit der weithin sichtbaren Zikkurat, dem leuchtenden Roten Tempel und dem prunkvollen Gebäude, dessen Wände und mächtige Pfeiler mit Tonstift-Mosaiken in roter, schwarzer und weisser Farbe verkleidet waren.

Später sahen wir noch den sogenannten Südbau. Man überspringt in Uruk mit jedem Schritt ein paar Jahrhunderte oder Jahrtausende. Dieser Bau ist das getreue, vergrösserte Seitenstück zu dem Anu-Antum-Tempel, der noch babylonischen Grundriss aufweist, obwohl er aus seleukidischer Zeit stammt.

Chaldäische Priester haben diese Tempel gebaut, konservative Feinde des neuen hellenistischen Geistes. Die uralte Kultstadt mit den beiden prächtigen Riesentempeln muss auf die jungen Griechen aus der Schule des Aristoteles wie ein Wunder und wie das Symbol des unbegreiflichen Ostens gewirkt haben.

Man sieht jetzt nur die breite Eingangsfront des »Südens«, breit, horizontal, flächenhaft wie alle monumentalen Bauwerke der Babylonier – einige Reste der blauen Glasur helfen der Phantasie nach. Leider wird man den Tempel nicht weiter ausgraben; vermutlich wäre er, freigelegt, das prachtvollste Monument dieser Art im ganzen Orient, und Cook müsste in Uruk ein Zeltlager einrichten wie in Petra. Aber daran kann dem Expeditionsstab freilich wenig liegen …

Wir liessen den Wüstengendarmen bei dem französischen Expeditionshaus und fuhren bis zur Strasse, die von Schatra nach Hajj und Kut führt. Dort gaben wir unserem Alten Geld für ein Pferd und verabschiedeten ihn. Er machte sich unter vielen Segenswünschen auf den Weg. Wir zogen bis Kalaat Sukkar und setzten dort in einer Fähre über den Hajj-Fluss. Es war noch hell, als wir ankamen, der Fluss lag still und gelb zwischen seinen Ufern. Wir sahen, wie die Fähre herüberkam – sie bestand aus zwei zusammengekoppelten Booten mit einem losen Bretterboden darüber; zwei Männer in hochgeschürzten Kleidern schleppten sie an einem Seil über den Fluss. Sie standen auf den Bootkielen, stemmten sich mit den nackten Füssen gegen das Holz und hängten sich mit ihrem ganzen Gewicht an das Seil. Ein dritter Mann steuerte das Fahrzeug mit einer langen Stange. Am andern Ufer standen die Männer von Kalaat Sukkar vor den Häusern und beobachteten, was auf dem Fluss vorging. Es war die erste Stunde des Abends, die Frauen gingen zum Wasser hinunter und trugen die schweren, gefüllten Krüge auf dem Kopf zurück. Knaben ritten auf Eseln zur Schwemme, jagten die Tiere hinein und liessen sie im strömenden Wasser stehen. Ein wenig flussaufwärts gab es einen schönen Palmenhain, und auf dem schmalen Uferweg wurde die Schafherde des Dorfes heimwärts getrieben. Dann kamen zwei Balams um die Ecke des Flusses und zielten mit langsamen Ruderschlägen auf uns zu. Als die Fähre angelegt hatte, fuhren wir die steile Uferböschung hinunter und über zwei schmale Balken auf die krachenden Bretter. Die Burschen hängten sich an das Seil, und wir wurden langsam in die Flussmitte hinausgezogen. Die Wasserfläche wurde jetzt von der untergehenden Sonne getroffen und war, so weit man sehen konnte, ein Spiegel aus sanftem gelbem Licht. Auch die Ufer, die Palmen und die Hütten des Dorfes glänzten in der Abendsonne; es war ein wunderbar friedfertiges Bild. Drüben angelangt, mussten wir wieder über die beiden Balken fahren und mit einem Anlauf das lehmige und steile Ufer nehmen. Kurz hinter

Kalaat Sukkar wurde es dunkel, und wir hatten lange nur noch Nacht und Ebene um uns, ohne ihre Grenzen unterscheiden zu können. In Hajj, am Eingang des gedeckten Basars, sagte man uns, dass wir nicht mehr bis Kut fahren könnten, weil die Fähre des Nachts ausser Betrieb sei. Man führte uns zum Chan, und wir gingen die Treppe hinauf auf den Balkon, der rings um den Hof läuft und auf den alle Räume des Chans münden. Man brachte uns eine Laterne, und wir leuchteten in einen der Räume hinein, aber er war so schmutzig, dass wir beschlossen, im Auto zu schlafen. Als wir die Treppe hinunterstiegen, war der ganze Hof voll von Leuten und die Gasse vor dem Chan so überfüllt, dass man kaum über die Schwelle konnte. Dann kam Gendarmerie, und wir wurden nach unseren Namen, unseren Pässen und Reiseabsichten gefragt. Man führte den Ingenieur zum Ortskommandanten, ein Gendarm blieb als »Wache« beim Auto zurück. Während wir warteten und von den Leuten wie ein Weltwunder angestaunt wurden, erschien am Ende der Gasse ein Mann mit einer Laterne und hinter ihm ein grösserer Mann in einem schönen Mantel und mit weisser Kopfbedeckung. Bei seinem Anblick erhob sich ein Gemurmel, die Menge wich auseinander, eine Gasse öffnete sich, durch welche der würdige Mann rasch und ohne sich umzublicken hindurchschritt. Man sagte uns, dass er der Scheich von Hajj sei, das religiöse Oberhaupt des Ortes. Ich sah, als er an uns vorüberging, sein sonderbar verschlossenes, beschäftigtes Gesicht und den milden und abwesenden Blick unter einer sehr weissen Stirne. Viele Leute drängten zu ihm, bückten sich und küssten seine Hände. Der Diener lief eilig vor ihm her und trug die Laterne hoch, um damit den schlechten Weg zu erleuchten. Dann verschwanden sie durch die schmale Türe eines Hauses.

Bald darauf kam der Ingenieur mit einem bewaffneten Gendarmen zurück, der uns bis Kut begleiten und dafür sorgen sollte, dass wir mit dem Fährboot übergesetzt würden. Wir brauchten eine Stunde bis zum Fluss und sahen plötzlich das rote Licht des Anlegeplatzes in der Dunkelheit vor uns. Die Gendarmen kamen alle aus dem Wachhaus gelaufen. Hunde bellten irgendwo unsichtbar, unsere Ankunft mitten in der Nacht verursachte grosse Aufregung. Wir sahen den Tigris, einen breiten schwarzen Strom – und drüben, sehr weit, wie es uns vorkam, ein paar zerstreute Lichter. Unser Polizist ruderte mit einem zweiten Mann hinüber, um die Fährleute zu wecken; er sagte uns, dass er in ungefähr zwei Stunden zurück sein würde. Es war ungefähr zehn Uhr …

Da es ziemlich kalt war, setzten wir uns in den Wagen und assen dort ein wenig Käse und Cream Crackers, nachher schliefen wir ein und wurden erst gegen Mitternacht geweckt, als die Hunde zu bellen anfingen und die Gendarmen an das Ufer hinabliefen.

Drüben sah man jetzt die Lichter des Fährbootes. Sie wanderten langsam über den Fluss auf uns zu, und wir erkannten die Umrisse des Schiffes und die Männer mit ihren dunklen Gesichtern und weissen Kufijas und nackten Beinen, deren Haut dunkel glänzte. Es war diesmal ein richtiges Fährboot mit einem Motor und gross genug für zwei oder drei Autos. Wir fuhren über eine solide, kleine Brücke hinauf, die Männer stiessen ihre langen Stangen ins Wasser, und ratternd und stossend schwammen wir in den Fluss hinaus. Es war eine klare Nacht; es gab so viele Sterne, dass der Himmel davon schimmernd erhellt war, und unter uns spiegelten sie sich im schwarzen Wasser, und die Ufer warfen lange Schatten. Wir hielten immer auf das rote Licht des

Anlegeplatzes zu, und als wir ihn fast erreicht hatten und schon in seichtem Wasser waren, sprangen einige der Fährleute hinunter, wateten bis ans Land und zogen die Brücke hinüber.

Wir landeten ohne Schwierigkeit und fuhren nach Kut hinein. Der ganze Ort schlief, wir fuhren zwischen den gelben Lehmhäusern hindurch und an Palmengärten vorbei, dann in das neue Quartier, dessen gelbe Backsteinhäuser die Engländer gebaut haben, nachdem Kut im Krieg fast völlig zerstört worden war. Ich dachte an den Brief Gertrude Bells, worin sie Kut, »this poor little place«, beschreibt. Sie fuhr damals den Tigris hinunter und sah es vom Schiff aus.

Wir hatten einige Mühe, das *Government Resthouse* zu finden, das man uns in Kut versprochen hatte.

Ein alter, einäugiger Mann öffnete uns endlich die Türe. Das Weitere war dann allerdings eine herbe Enttäuschung: Das *Resthouse* bestand nämlich aus zwei kalten, kleinen Räumen, völlig kahl bis auf einen kleinen Feuerplatz und einige verstaubte und gebrechliche Liegestühle. Daneben ein »Badezimmer« – nach Ansicht des Einäugigen: eine feuchte Kammer mit einer Blechbadewanne ohne Wasser. Wir zündeten zuerst ein Feuer an, aber das half auch nicht viel, denn das Holz verbrannte sehr schnell, und nach einer halben Stunde war das Feuer erloschen und liess kaum die Ahnung von etwas Wärme zurück. Da es zu spät war, um für irgendeine Bequemlichkeit zu sorgen, setzten wir uns in die Liegestühle und verbrachten eine äusserst kalte und ungemütliche Nacht.

Ich hatte, zum Überfluss, meinen Mantel in Warka vergessen und war deshalb wehrlos gegen die Kälte, die von überall her eindrang, durch die Wände und Fensterscheiben und besonders vom steinernen Fussboden herauf.

Um sechs Uhr gelang es uns, Tee zu bestellen. Ein kleiner, blasser Knabe, vermutlich der Enkel des Einäugigen, stieg zu diesem Zweck auf das Reservoir des WC, welches aus besseren Zeiten übriggeblieben war (natürlich ausser Funktion), und schöpfte daraus einen Krug Wasser. Auch unser Waschwasser entnahm er dieser Quelle und kroch mit seinem Krüglein behend wie ein Affe an der Leitungsröhre auf und ab.

Wir rösteten ein wenig frisches Chubs am Feuer und frühstückten recht und schlecht. Dann gingen wir zum Fluss hinunter, wo die grossen Lastboote lagen und Esel mit Ziegelsteinen beladen vorbeigetrieben wurden. Weiter flussaufwärts arbeitete eine Schar von Sträflingen. Die Schiffer kamen aus ihren geflochtenen Hütten und unterhielten sich mit uns oder vielmehr mit meinen Begleitern, denn meine Arabischkenntnisse sind in der Praxis so gut wie unbrauchbar. Die Schiffe waren unbeladen und ragten mit ihren Kielen hoch über die Wasserfläche. Sie waren hellblau und gelb dekoriert und sahen mit ihren Masten und Tauen, mit den Schilfhütten, grossen Bastmatten und Backöfen aus Lehm altertümlich und malerisch aus. Die Leute sagten uns, dass sie bis Bagdad zwei Wochen oder zwanzig Tage brauchen – mit dem Auto fährt man die gleiche Strecke bei gutem Wetter in vier Stunden!

Wir verliessen Kut erst um neun Uhr und fuhren bis Ktesiphon. Dort kannte sich der Ingenieur gut aus – er hat einen Winter lang in Seleukeia, der hellenistischen Stadt, gegraben, die der Partherresidenz Ktesiphon gegenüber am anderen Tigris-Ufer liegt. Wir setzten uns an die Mauer der mächtigen Königshalle, wo wir vor dem Wind geschützt waren, und assen dort ein wenig Chubs und ein paar Eier, die wir aus Kut mitgebracht hatten.

Wir unterhielten uns über die Parther und stellten fest, dass wir über ihre Fähigkeiten und besonders über den Wert ihrer Kunst ganz verschiedener Ansicht waren; es gibt dafür wohl noch keinen rechten Massstab. Dann gingen wir über das grosse Ruinenfeld, der Wind jagte darüber hinweg und wirbelte den Staub auf, Schafherden weideten, von zerlumpten Knaben und grossen weissen Schäferhunden bewacht. Wir fuhren um zwei Uhr weiter, kamen auf die asphaltierte Strasse, die durch das Fliegercamp Hinaidi der Engländer führt, und waren eine Stunde später in Bagdad.

Es war sehr gut, im Anschluss an Uruk-Warka die Ausgrabungen in Tell Asmar und Chafadscha zu sehen. Dr. Frankfort schickte mir einen Wagen, der mich in wenig mehr als einer Stunde nach Tell Asmar brachte. Das Expeditionshaus ist viel grösser als dasjenige in Rihanija, aber der Stil bleibt derselbe; es gab auch einen Ford Station Car und einen grossen Kamin und noch manches, was mich stark an Rihanija erinnerte. Miss Lucie Smith war mit mir herausgefahren, und Dr. Frankfort nahm sich die Mühe, uns die ganze Grabung ausführlich zu erklären. Man ist hier schon weit fortgeschritten, der Plan der Stadt, die nach der Zeit Hammurabis aufhörte zu existieren, ist schon in grossen Zügen bekannt und leicht verständlich. Der grosse Tempel fehlt noch, dafür ist man bei einem kleineren Tempel dieses Jahr bis in die Schichten hinuntergelangt, die den archaischen Schichten von Warka entsprechen.

Wir fuhren am Nachmittag nach Chafadscha, das ungefähr eine Stunde von Tell Asmar entfernt ist. Der »ovale Tempel« mit seinen konzentrischen Zingeln aus verschiedenen Zeiten, von denen je ein ovaler und ein rechteckiger mit abgestumpften Ecken miteinander abwechseln, liegt so übersichtlich und sauber freigelegt da, dass selbst ein ungeübtes Auge den Grundriss begreift und sich die Hochterrasse mit dem Tempel, die Säulenreihen davor und die gestuften Toranlagen vorstellen kann. Und nun noch die Prozession, welche sich durch die Tore auf die Terrasse hinaufbewegte, und das göttliche Bildnis: jener unheimlich starräugige Gott, den man mir in Tell Asmar gezeigt hat, aufrecht sitzend, mit spitzen Knien und spitzen Ellbogen und Schultern, einem flachen Kopf mit ungeheurer sumerischer Nase; die Augen aber, unnatürlich vergrössert, verbreiten ein leeres und göttliches Entsetzen …

Hilla, Birs Nimrud, Karbala, Uchaidir, Nadschaf, Kufa, Babylon

Bagdad, 19. Februar

Ich hatte mir immer gewünscht, in die heiligen Städte der Schiiten zu kommen. Kadhimain, die Stadt mit den goldenen Türmen, hatte mir davon den ersten Eindruck gegeben. Ich war dort im Haus eines Arztes, von dessen Dach aus man die grosse Moschee erblickte, runde Kuppel, goldglänzend, über den Dächern und Palmen, den Rauchfahnen, den engen, lärmerfüllten Strassenschächten und den schlanken Türmen, welche spielerisch in die verschwebenden Farben des Abends tauchten. Wie mir schien, warfen sie sich gegeneinander (Erinnerung an den ersten Blick vom Flugzeug aus) und strebten aus der finsteren Heiligkeit, mit der sie unten die Gläubigen bekleideten – der Heiligkeit ewiger Trauer um die Gefallenen, um Hussain, den Sohn Alis, den Schwiegersohn des Propheten, und um Hussains Söhne, und so durch Jahrhunderte; Trauer um die unrechtmässig verlorene Herrschaft, Trauer um das vergossene Blut, Trauer um die jungen Helden. Man hörte die Geräusche der Strassen, hinaufdringend mit den Wolken von Geruch, aus Basar und Garküchen, aber oben schwebten entrückt die Abendwolken um die goldenen Türme, und in der Ferne strömte still und glänzend der Fluss, breite Palmenhaine umgaben wie ein Gürtel die Stadt der Leidenschaften …

Aber Kadhimain liegt vor den Toren von Bagdad und ist daher tausend profanen Einflüssen ausgesetzt. Von Karbala und Nadschaf versprach man mir mehr.

Ich war deshalb froh, dass der Plan, nach Hilla zu fahren, zur Ausführung kam. S. Bey besitzt dort Ländereien und

Gärten; er versprach mir gleich, mich mindestens nach Karbala zu bringen.

Wir fuhren am 16. Februar von Bagdad weg, im Wagen von Schafik, der mit einer reizenden Amerikanerin verheiratet ist. Schafik war mit dem gleichen Wagen – einem eigens eingerichteten Ford 8 – schon in Afghanistan und hat den Weg von Teheran nach Bagdad im Winter in Rekordzeiten zurückgelegt. Er versicherte uns, dass Geschwindigkeit auf guten Strassen ein Kinderspiel und reizlos sei, der Spass beginne erst mit der Gefahr.

Eine Ansicht, die sich auf den »Strassen« Iraks ausgiebig erproben und erhärten liess …

Wir kamen nachmittags zu der berühmten Hindija-Barrage, dem grössten Stauwerk Iraks. Von dort leitet man das Euphrat-Wasser beliebig in den Hilla- und in den Hindija-Arm und kann auf diese Weise grosse Landstrecken regelmässig bewässern. Ich ging auf die riesige Staumauer hinaus und sah dort auf den Fluss hinunter, der in feinen Nebel eingehüllt war. Palmen säumten die Uferstrecken, die wie ein einziger fruchtbarer Hain aussahen, die Lebensader des Landes.

Wir fuhren vom Stauwerk etwas mehr als eine Stunde bis Hilla und bekamen dort im Irrigation Department ein verspätetes Mittagessen. Dann zogen wir gleich weiter und erreichten Birs Nimrud noch vor Sonnenuntergang. Schafik hatte zwei Gewehre mitgebracht und versuchte schon unterwegs einige Male, Wildgänse zu schiessen, die er mit geübtem Auge weit draussen in der Einöde entdeckte und von Krähen und Sandgroves unterschied. Zu meiner Beruhigung traf er aber nichts, und die Wildgänse erhoben sich, plötzlich Schar an Schar ein ganzes Volk, zogen sich zu langen Reihen auseinander, kreuzten sich, schwärmten wieder auseinander und verschwanden aus unserem Blickfeld. In Birs Nimrud soll es gegen Abend Rebhühner geben – aber sie hatten sich schon verzogen, und wir konnten in vollem Frieden die Zikkurat der alten Stadt Borsippa besteigen und die letzte aufrechte Mauer aus flachen Lehmziegeln bewundern, die zwischen Trümmern und Klumpen des niedergestürzten Gebäudes auf der einstigen Hochterrasse steht und ihres unausbleiblichen Schicksals harrt.

Die Leute hier pflegen Birs Nimrud immer noch mit dem Turm von Babel zu verwechseln, obwohl doch kein Anlass vorliegt, ihn statt in Babylon in Borsippa zu suchen. Die Zikkurat ist übrigens eine ganz besonders romantische Ruine, und als die Sonne rötlichgelb hinter der Ebene verschwand und ein alter Araber mit einer Schafherde am Fuss des zerklüfteten Lehmhügels vorbeizog, fehlte nichts mehr zum Idyll eines Kupferstichs in einem alten Reisebuch.

Als wir, gegen sieben Uhr, nach Hilla zurückkamen, war der Inspektor des Irrigation Department inzwischen aus Bagdad eingetroffen, offerierte uns Schüsseln voll Sandwichs und Tee und quartierte uns alle in seiner Wohnung ein. Ich schlief mit Mrs. Schafik in seinem Schlafzimmer und erinnerte mich, als ich in dem weissen Kinderbett lag, mit einiger Genugtuung an die strapaziöse Nacht im *Resthouse* in Kut.

Wir fuhren am nächsten Morgen in zwei Automobilen nach Karbala, auf einer ausgewaschenen und zerlöcherten Strasse, welche noch schlechter war als alle, die ich bisher kennenlernte. Aber womit soll man hier Strassen bauen? Jeder Stein muss von weit her gebracht werden, und das System, die Strassen zu »rasieren«, kann natürlich nur von Regen zu Regen einigen Erfolg haben, nachher werden wieder die tiefen Rinnen ausgewaschen, und bei der darauf folgenden Trockenheit bildet sich ein wahres Trümmerfeld von Hügeln, Rinnen, Dämmen und Löchern aus.

Auf dieser Strasse fahren nun die Pilgerautos, die der Lebenden und die der Toten, jahraus, jahrein nach Karbala. Es sind meistens Fordwagen älteren Datums, eigentlich für vier Personen bestimmt: Hier befördern sie leicht zehn oder zwölf, von denen einige auf der Türschwelle hocken (die Türen stehen offen oder sind abgerissen), zwei bis drei aber hinten auf dem Gepäckträger, mit wehender Kufija, eingehüllt in Wolken von Staub.

Einen weit schauerlicheren Anblick bieten die Totentransporte. Die Leichen liegen in schmalen Särgen, oder, häufiger, bloss in rote und gelbe Teppiche gewickelt, auf einem zugeschnittenen Brett und werden quer über einen offenen Wagen gelegt. Dahinter nehmen die trauernden Familien Platz, die den Verstorbenen in die Totenstadt begleiten.

So werden die Leichen der frommen Schiiten über grosse Strecken, selbst aus Persien, nach Karbala gebracht, in langen Tagereisen; früher, auf dem Karawanenweg, waren es Wochen.

Wir überholten auf unserer abendlichen Fahrt viele solcher Totenautos. Als es dunkel wurde, wollte Schafik auf einem schmalen, dammartig erhöhten Weg an einem entgegenkommenden Wagen vorbeisteuern. Plötzlich ertönte ein ungeheurer Krach, Splittern von Glas und Holz, ein wütender Angstschrei aus dem Inneren des Autos, und vor unserer Scheibe ragte ein dunkler Gegenstand, unsichtbar aufgehängt … aber der Tote regte sich nicht und streckte keine strafende Hand aus.

In Karbala besitzt S. Bey einige Ländereien, ausserdem einen Pilgerchan, der ein einträgliches Geschäft bietet, denn jeder schiitische Mekka-Pilger ist gezwungen, sich in Karbala aufzuhalten. Man hat uns erzählt, dass Karbala eine Stadt von schlechten Sitten sei, voll von Ausschweifung und unnatürlichen Lastern. Man hat, weil die Stadt heilig ist, ein Verbot der Prostitution erlassen, aber an ihrer Stelle Heiraten auf kurze Dauer erlaubt, die sich manchmal auf wenige Stunden beschränken. Es ist eine merkwürdige, wenn auch leicht erklärliche Mischung von Verderbtheit und Heiligkeit auf einem von Leidenschaften getränkten Boden. Es gibt in der düsteren Religion der Schiiten kaum einen Tag der Freude, aber unendliche Bussfeste und den schrecklichen Monat Muharram mit seinen Passionsspielen und ekstatischen Prozessionen. Heute noch geisseln sich fromme Unglückliche und schlagen sich mit Ketten bis zum Verbluten.

Das Unglück ist ihre Tradition, seitdem Ali, ein Schwärmer und mit Visionen Begabter, die Tragödie recht eigentlich anzog und beschwor. Seine Feinde ermordeten ihn in Kufa, der Verräterstadt. Sein Sohn Hassan war nicht weniger unglücklich und ein schwacher Mann, der vor seinem Schicksal zu fliehen versuchte. Er dankte ab zugunsten seines Feindes, des kriegerischen Muawija, und er starb – durch die Hand seiner Frau. Sein Bruder Hussain ist die reinste Gestalt der schiitischen Tradition, und ihn beweinen seine Anhänger am bittersten. Er zog mit einem kleinen Haufen Getreuer nach Mesopotamien, um die Herrschaft für sein Haus wiederzugewinnen. Er wurde von einem Mann aus Kufa verraten und starb, vom Wasser abgeschnitten, in der Nähe der Stadt Karbala. Alle, die mit ihm waren, wurden erschlagen. Eine der Moscheen in Karbala birgt seinen geliebten Körper, der allen Schiiten bis heute heilig und teuer ist.

Der kostbarste Schrein der Schiiten ist der *al-Hadra al-kabiru* genannte, welcher unter seiner goldenen Kuppel das Grab Hussains birgt. In der zweiten Moschee ist ein Halbbruder Hussains begraben; auch Nadschaf und Kadhimain haben ihre heiligen Gräber der Märtyrer, der Söhne und Schmerzensbrüder Hussains. Aber *al-Hadra al-kabira* ist das schlagende Herz der Schiiten, ihn zu umschreiten das Ziel der Pilgerfahrt, sein köstlicher Anblick eine Mahnung zur Unversöhnlichkeit und zum Hass. Es gibt in Irak mehr Schiiten als Sunniten, nämlich anderthalb Millionen. Ich hörte liberale Mitglieder des Parlamentes sagen, die Schiiten seien die »Geissel« des Landes. Jedenfalls sind sie die Feinde jedes Fortschritts und hassen nicht nur die Europäer, sondern alles, was auf Veränderung und Bewegung hinweist, denn ihre Religion verlangt ja den ewigen Rückblick, die fruchtlose Anklage, den Zustand der Feindschaft und Verschliessung. Fanatischer als die Iraker sind die Perser – und Karbala ist fast eine persische Stadt.

Diese persischen Pilger sind ein unheimliches Volk. Bleich, düster, schwarzbärtig, bieten sie den Anblick von Menschen, die um jeden Preis die Realität verleugnen und ihr entfliehen wollen. Schwäche umwölkt sie und der Einfluss des Opiums. Die dumpfe Unentrinnbarkeit und Freudlosigkeit ihrer Religion macht sie notwendig zu Scheinheiligen.

Was man in Kadhimain nicht erfahren hatte, das begriff man in Karbala: die negative Macht des Geistes, der sich verschliesst. Es gibt ihn auch in Europa; aber dort muss er stets ausarten und schreckliche Formen annehmen. Hier, eine unter den tausendundein Möglichkeiten des Orients, lässt er eine Insel entstehen, eine heilige Stadt, und greift nicht über den Gürtel ihrer Palmengärten hinaus.

Übrigens bietet Karbala zunächst den gleichen Anblick wie andere arabische Städte. Man sieht Leute in europäischer

Kleidung ihren gewöhnlichen Geschäften nachgehen, Karawanen durchziehen die Strassen, vor zahlreichen Kaffeehäusern sitzen die Männer und rauchen ihre Wasserpfeifen.

Die Sajjids, die Träger des grasgrünen Turbans, die sich Nachkommen des Propheten nennen, sind zahlreicher als an anderen Orten. In der Nähe des Basars trifft man dann Inder und Afghanen, grosse Männer mit dunkel leuchtenden Gesichtern unter hohen, kunstvoll geschlungenen Turbanen. Moscheetore in herrlichem Mosaik traten uns plötzlich aus dunklen Gassen entgegen.

Hier begann die unfassbare Abwehr. Niemand belästigte uns. Erwachsene trieben manchmal die Kinder auseinander, die uns neugierig folgten. Die Händler im Basar taten uns die Ehre nicht, uns etwas von ihren Waren anzubieten. Sie beugten sich über ihre Arbeit, über Sandalen, Wassersäcke, Kupferkessel, und sandten uns unter gesenkten Lidern Blicke nach, die nicht Neugierde verrieten, nur die gleiche kalte Abwehr.

Es war ein unheimlicher Spaziergang. Ich war froh, als ein Gendarm uns einholte (wir standen im Halbdunkel vor einem der gedämpft prächtigen Tore, die sich auftun in die hellen Höfe der Gläubigen) und uns zum Mutasarrif in das Bürgermeisterhaus führte.

Unsere Gastgeber blieben, ihrer Geschäfte wegen, in Karbala zurück, während wir nach Uchaidir fuhren. Das ist eine Wüstenfahrt: denn Karbala ist eine Oase, und hinter ihren Palmen und letzten Häusern beginnt gleich der gelbe Sand, umgibt schon den Bahnhof, die Tankstelle, die Lagerplätze der Karawanen. Die Strasse bricht ab. Wir folgten einer schimmernden Spur.

Es war zwölf Uhr mittags, der Himmel war bedeckt, aber das Licht wurde dadurch noch weisser, und wir fuhren geblendet durch ein Meer von Spiegelungen. Wir erreichten bald den Salzsee Abu Dibis und fuhren durch den früheren Seegrund; links erschienen die phantastisch zerklüfteten Kalkfelsen, Hügelreihen in blässlichem Blau und Rot. Jemand meinte, es seien die persischen Gebirge, doch waren sie kaum einige Kilometer von uns entfernt, und wir fuhren über ihre letzten Ausläufer, bevor wir die Spur zur Oase Schitata verliessen. Es war unmöglich, eine Entfernung abzuschätzen.

Wir bogen nach Westen ab. Eine alte Spur vom vergangenen Herbst leitete uns: Als Schafik eine Zigarette anzündete, verloren wir sie und fuhren im Kreis zu unserem Ausgangspunkt zurück.

Eine halbe Stunde später tauchte Uchaidir auf, das grosse und düstere Festungsviereck geheimnisvollen Ursprungs; die Mauern waren schwarz von Licht. Wir näherten uns langsam, umfuhren ein trügerisches Sandbett eines Wadis, sahen dunkle Beduinenzelte und Kamelherden auf der Westseite des Schlosses.

Als wir endlich versuchten, das Wadi zu durchqueren, gerieten wir in eine weiche Stelle; schon drehten sich die Räder leer und bohrten sich in den Sand ein. Wir sassen fest.

Wir überliessen es Schafik, Beduinen zu finden und den Wagen auszugraben; mit seiner Flinte machte er sich auf den Weg zu den Zelten.

Wir gingen indessen auf das Schloss zu – immer noch schien es sich magisch zu entfernen – und um das quadratische Viereck seiner Aussenmauer, die mit vierundvierzig Türmen, vier hohen Toren und der hohen Galerie des Wehrgangs einen wunderbar kräftigen und geschlossenen Eindruck machte.

Einige alte Reisebeschreibungen erwähnen Uchaidir in dunklen Zusammenhängen, auch nennen sie es eine »Stadt in der Wüste«, was durch die Ausdehnung und Zahl seiner Räume berechtigt erscheint. Im neunzehnten Jahrhundert war Uchaidir verschollen; der Franzose Massignon und fast gleichzeitig Miss Gertrude Bell haben es wiederentdeckt. Letztere hauste dort allein mit ihren arabischen Dienern und nahm genaue Pläne und Fotografien davon auf. Zwei Jahre später hat dann Oscar Reuther mit einigen Mitgliedern der Babylon-Expedition Uchaidir aufgesucht und eine schöne Publikation darüber herausgegeben.

Nun weiss man genau, wie Uchaidir gebaut ist: Ein rechteckiger Palast liegt inmitten einer quadratischen Umfassungsmauer; der Palast selbst ist durch einen gedeckten Korridor in zwei konzentrische Vierecke geteilt, deren äusserer Teil sich, wie das typische orientalische Haus, in eine vordere Hälfte, den Selamlik, und eine hintere Hälfte, den Haremlik, trennt. Das innere Rechteck enthält vorn den Ehrenhof, dahinter eine neutrale Raumgruppe. Die Decken sind meistens Tonnengewölbe und da und dort sehr schön und vollständig erhalten; ebenso Teile des gedeckten Korridors und des Wehrgangs im zweiten Obergeschoss. Grosse Trümmermassen sind aus der grossen Halle des Selamlik in den Ehrenhof gestürzt. Am meisten Eindruck machen die wunderbar gearbeiteten Kreuzgewölbe; ihr Vorhandensein hat Gertrude Bell veranlasst, Uchaidir erst in islamische Zeit zu datieren, aber es liesse sich denken, dass sie römisch-hellenistischer Tradition zu verdanken sind; sie hat auch die Moschee als Beispiel angeführt, die sich in der Westhälfte des Selamlik befindet. Vieles spricht jedoch dafür, den Bau schon in sassanidische Zeit anzusetzen. Kurz, man weiss noch immer wenig genug über Uchaidir, und nichts über seine Geschichte. Wer hat ein so bedeutendes und imposantes Bauwerk mitten in die Wüste gesetzt? Es war eine Art von »Fluchtburg«; der Raum zwischen der Umfassungsmauer und dem Palast beherbergte in Kriegszeiten die Nomaden der Umgebung. Und da das Schloss innerhalb eines Oasengürtels liegt, der sich parallel mit dem Lauf des Euphrat ungefähr von Kubaisa bis südlich von Nadschaf hinzieht, so könnte man an eine systematische Verteidigungslinie denken, aber von wem errichtet und gegen wen?

Als wir aus dem hinteren Teil des Palastes in den grossen Hof zurückkamen, sahen wir oben, im verschütteten Toreingang, ein paar Beduinen stehen. Sie trugen Gewehre, riefen uns aber laute Begrüssungsworte zu, die man freundschaftlich auslegen konnte. Als wir näher gekommen waren, stiegen sie über die Mauertrümmer zu uns herunter; andere folgten aus dem dunklen Torraum, und einer von ihnen, ein gutgelaunter blinder Alter, trug seine Wasserpfeife mit sich, setzte sich mitten im sonnigen Hof auf das Pflaster und begann zu rauchen. Die anderen sagten uns, dass sie uns auf das Dach führen wollten, und gingen uns voran, über eine guterhaltene Treppe bis ins Obergeschoss, wo sie uns den Wehrgang zeigten und, um uns zu unterhalten, in allerhand Winkel krochen, die ihnen, wie sie sagten, als Versteck dienten – dann halfen sie uns ritterlich, auf das Dach zu steigen, von wo man nun die ganze Anlage des Schlosses, die Räume des Palasts, den Hof und die äussere Mauer überblicken konnte. Die Beduinen, die sich offenbar als die Schlossherren und folglich als unsere Gastgeber fühlten, setzten sich inzwischen auf ein paar Steinblöcke, fragten, ob wir Zigaretten hätten, und rauchten Mrs. Schafiks Lucky Strikes mit würdigem Verständnis. Unten sahen wir den Ford anrollen, es war also gelungen, ihn aus dem Sandbett zu befreien; auf dem Trittbrett stand ein anderer kriegerischer Beduine, die Flinte in einer Hand schwingend.

Wir liessen uns von unseren freundlichen Greisen wieder hinunterführen; sie erzählten uns noch allerhand Unverständliches, liessen uns die Bruchsteinmauern befühlen und machten uns fachmännisch auf die von diesen verschiedenen Lehmziegel aufmerksam, welche sie als »sauber« bezeichneten. Beim Auto folgte eine neue, herzliche Begrüssung, und als nun endlich jemand wirklich Arabisch verstand, berichteten sie uns, nicht ohne Stolz, dass sie Schammar seien, und zählten uns ihre grossen Scheichs auf, darunter auch den assyrerbärtigen Scheich Adschil. Leider hatten wir keine Zeit, ihre Einladung zum Essen anzunehmen; sie betonten, dass sie Fleisch in ihren Zelten hätten, und die Aufforderung war recht herzlich gemeint. Einer der Flintentragenden brachte uns bis auf die Spur zurück und verliess uns. Gleich lag das schwarze Zeltlager wie Spielzeug in der grossen weissen Ebene hinter uns, und die tapferen Schammar standen noch, mit wehenden Kufijas, vor der Mauer des Schlosses und sahen unserem schnellen Wagen nach.

Wir langten kurz vor vier Uhr wieder in Karbala an. Lange lag es wie eine Oase mit seinem bläulichen Palmenwald vor uns, indes die Wüste die warme gelbe Farbe des Sonnenuntergangs annahm, der Himmel pastellblau wurde und ringsum die erstaunlichsten Veränderungen des Abends sich vollzogen; Schatten der kleinen Wüstenfalken segelten vor uns durch den Sand, der Salzsee entfernte sich wieder unfassbar, in durchsichtig schillernden Dunst gehüllt; seine Uferberge aber schwammen noch im Licht. Dann sammelte sich plötzlich Weiss zu einem Strahl und traf die goldene Kuppel des weitentfernten Karbala. Da sah man nichts anderes mehr als dieses gezeichnete Haupt über dem dunklen

Wall seiner Gärten, und wir fuhren geraden Weges darauf zu und fanden uns, ernüchtert, wieder in seinen belebten Strassen und vor dem Haus des Mutasarrif, der uns zum Mittagessen erwartete. Ein Diener brachte zuerst Wasser zum Händewaschen, dann setzten wir uns gleich zu Tisch. Es gab verschiedene Fleischgerichte, natürlich auch Huhn, und nachher die unvermeidliche Reisschüssel mit Schaffleisch und weissen Bohnen. Die Unterhaltung wurde in Arabisch, Türkisch, Französisch und Englisch geführt. Da wir alle sehr hungrig waren, fiel die Sprachverwirrung nicht weiter auf. Nach dem Essen sass man im Empfangszimmer, wo die Porträts von König Faisal und dem jungen König Ghasi hingen, und an einer anderen Wand eine sinnig bestickte Landkarte des neuen Irakstaates und ein gesticktes Wappen, welches mit Löwe, Pferd und Krone stark an die Insignien des British Empire erinnerte. Man servierte uns Schokolade in kleinen Schalen, und wir sassen auf gepolsterten Bänken der Wand entlang, bis es schicklich schien zu gehen. Wir kamen in der Dunkelheit in unser freundliches Hilla zurück und fanden im Wohnzimmer ein grosses Kaminfeuer: ein angenehmer Empfang.

Nadschaf ist heiliger als Karbala, auch gefährlicher und intrigenreicher. Noch kommen dort Europäer ums Leben; sehr strenge Massnahmen sind nötig, um Wiederholungen der blutigen Revolte von 1920 zu vermeiden. Nirgends wie auf seinem heilig-erregten Boden blüht die alte Kunst der politischen und diplomatischen Zwiste, eine Eigenschaft der Nomadenstämme, welche niemals offen handeln, immer unerwartet und aus dem Hintergrund, und deshalb auch nie völlig erfasst werden können.

Früher herrschte in Nadschaf der Streit zwischen den Parteien der Sukurt und der Schumurd: anfänglich eine

Familienaffäre, wegen einer von beiden Seiten mit gleicher Heftigkeit begehrten Frau begonnen. Andere berichten, die Türken hätten den Streit absichtlich geschürt oder gar inszeniert, um auf diese Weise die Stadt innerlich zu schwächen, denn Nadschaf war, wie Karbala, zu allen Zeiten ein Sammelpunkt der Unzufriedenen.

Wir fuhren am frühen Vormittag von Hilla weg. Kufa war die erste Überraschung; auch sie eine heilige Stadt, zugleich eine gemiedene und angefeindete. Wir setzten auf einer schmalen Holzbrücke über den Fluss und gerieten in das friedliche Treiben eines Hafenortes, mit dem Geruch von Wasser und Fisch und Gemüsemarkt. Schön geschweifte Lastschiffe lagen am hohen Ufer, die Kiele bunt bemalt, die Segel gelb, schwer, trapezförmig, das Steuer, mächtig zu handhaben, ragte hoch aus dem Wasser und erinnerte an die Boote der Normannen, die ersten Träger der Sehnsucht nach dem Süden und der Ferne.

Nahe der Brücke stehen Knaben im seichten Wasser, die weissen Röcke bis über die Schenkel geschürzt, und waschen die Balams, die langen und schmalen Ruderboote, die halb auf das Ufer hinaufgezogen sind. Oben nimmt der Brückenwächter den Zoll ein und lässt uns weiterfahren, holpernd über die lose gefügten Bretter. Zwischen den Häusern von Kufa und dem steilen Ufer des Flusses, auf beiden Seiten des Basareingangs, befinden sich die Cafés, ein paar Bänke zwischen Blumentöpfen, ein Mann mit klirrenden Tassen in der einen Hand, in der anderen die Kaffeekanne mit dem langen, gebogenen Schnabel.

Wir fahren nicht durch den Basar, sondern biegen links ab und bleiben ausserhalb der Stadt: Da ist Kufa plötzlich eine weisse Festung; eine starke Stadtmauer umzieht es von drei Seiten, darüber ragen nichts als Kuppel und Minarett seiner grossen Moschee, in welcher Ali, Muhammads Schwiegersohn, ermordet wurde. Ein winziges Tor öffnet sich in der Mauer, ein Nadelöhr, welches allenfalls einem Esel Durchgang gewährt.

Ich fand den Anblick Kufas schöner und sonderbarer als den irgendeiner Stadt, die wir bisher gesehen hatten: mehr Burg als Stadt, und unwirklicher als eine Burg, die zur Verteidigung gedacht ist – ein Viereck glänzender Mauern, die das Innere dem Blick verbergen, drüben aber das friedliche Treiben am Fluss, und Traum, Legende und Realität, die sich vereinen. Die Legende sagt, dass die Leute von Kufa Verräter seien, denn sie liessen es zu, dass Ali in ihren Mauern ermordet wurde, und einer der Ihren führte Alis heldenhaften Sohn Hussain nach Karbala durch die Wüste und verliess ihn, als er vom Wasser abgeschnitten und seinen Feinden preisgegeben war und einen elenden Tod starb. Noch heute, sagt man, wohnen in Kufa nur Verräter, und die Pilger besuchen die Stadt einzig, um die Moschee zu betreten, die der Schauplatz des unauslöschlichen Verbrechens war, und kehren ihr dann eilig den Rücken.

An ihrem anderen Ende sahen wir die Schienen der Pferdebahn, welche Kufa mit Nadschaf verbindet, und gleich darauf einen der komisch hochgebauten Wagen, den Londoner Omnibussen verwandt.

Pilger mit Turbanen, Beduinen mit Kufijas sassen oben auf der Plattform; unten hingen die Leute zu den Fenstern heraus, der Kutscher schwang die Peitsche, und die Pferdchen trabten munter in die gelbe Wüste hinein, die sich sieben Meilen weit zwischen den beiden Städten ausdehnt. Wir fuhren auf den breit dahinlaufenden Spuren der Wüstenstrasse und überholten die rollende Pferdebahn, und gleich darauf tauchte, eine erhöhte Insel, die heilige Stadt

Nadschaf auf. Das Licht war so hell, dass es sich am Horizont brach und auf und nieder steigende Wellen vor die ermüdeten Augen zauberte. Spiegelungen schwebten, Baumreihen, Streifen von Wasser, Wölkchen über dem hellgelben Rand der Wüste, und leicht hätte man auch Nadschaf für eine Spiegelung halten können; kein Palmenwald umschloss es dunkel und schattenspendend wie Karbala, sondern die Häuser, von derselben Farbe wie die Wüste zu ihren Füssen, wuchsen aus ihr hervor.

Aus deren Mitte blühte eine goldene Kuppel und strahlte ihre Kostbarkeit nach allen Seiten aus. Die Stadt behielt dennoch etwas Schemenhaftes; man hätte, wenn man sie bleich am Horizont erblickte, leicht geglaubt, dass sie mehr von Geistern als von Menschen bewohnt sei, und die beständige Trauer, Anlass ihres Daseins, hing wie eine Fahne über dem zu hellen Himmel. Als wir näher kamen, nahmen Häuser und Strassen deutlichere Gestalt an. Vor der Stadtmauer breiteten sich Gräber aus, und nichts liess die Stadt besser deuten als dieser Garten der Toten, der aus ihr wuchs und den man durchqueren musste, um den Bezirk der Lebenden zu erreichen.

Es war ein weites weisses, unbegrenztes Feld, besät mit den Staubhügeln der Geringen und den blaugrünen, glänzenden Kuppeln der Reichen. Man sah offene Särge an der Bahnlinie, verschleierte Frauen zwischen den Gräberzeilen. Gendarmen bewachten den hellen Stadtplatz und das Haus des Kaïm Makam, zu dem wir sogleich geführt wurden.

Es gab cinc formelle Begrüssung, Kaffee und eine umständliche, von Höflichkeitsphrasen getragene Unterhaltung. Irak und die Schweiz wurden als die besten Länder gerühmt, ihre Völker als die reifsten und edelsten. »Doch herrschen darüber in Europa zahlreiche Irrtümer«, liess uns der Kaïm Makam sagen, »hält man uns Iraker doch bei euch für Leute ohne Kultur, wie die Berber in Afrika.«

Er rühmte Nadschaf, seine alten Schulen, die Grossmut der Gläubigen, welche durch ihre Stiftungen oft tausend Schüler ernährten und kleideten und es ihnen möglich machten, zu Füssen der berühmtesten Lehrer des Korans zu sitzen. Viel Geld ströme auf diese und manch andere Weise in die Stadt, denn da sei noch der Transport der Toten, die Einnahme für ein teures Grab im Inneren der Moschee und in ihrem Hof, und immer wieder die Opfer, Stiftungen und Versöhnungsgelder, die von weit her, selbst aus Indien, dem Heiligtum zugedacht würden.

Vier Gendarmen begleiteten uns durch den Basar und zeigten uns aus gemessener Entfernung die Tore der Moschee, die das Grab Alis und den kostbaren, mit Edelsteinen bedeckten Schrein enthält.

Wir blickten in Höfe, wo die Schüler des Korans in reinen Turbanen auf und ab gingen. Ein ehrwürdiger Patriarch und berühmter Lehrer kam durch eine Gasse auf uns zu, ein schwarzes Tuch fiel über seine Schultern, darüber türmte sich ein riesiger Turban. Scheu eilten die Leute ihm entgegen, um seine Runzelhand zu küssen.

Wo wir gingen, folgte uns eine stumme Menge; wir fühlten ihre feindlichen Blicke in unserem Rücken.

Von einem Dach aus konnten wir die Kuppel, gross und nah wie ein feuriges Gestirn, erblicken, unter uns den Hof, weisse Stille, Schatten und Sonnenflecke und die Pilger, die aus den drohend aufgerichteten Toren kamen. Leere Särge, schmale, leichte Kisten, standen der Sonne ausgesetzt, daneben ausgebreitet die langen Leichentücher.

Wir gingen durch den Basar zurück, leicht benommen von dem Geruch der Leichenstadt, ihren Gewürzbuden und dem rötlichen Staub der Kupferschmiede. Es war die Mittagsstunde; Qualm drang aus den Garküchen, Geruch von Hammel, gebratenem Fett. Die Leute standen um die schwarzen Kessel, assen saure Milch und tropfende Auberginen; man sah, drei Treppenstufen unter dem Erdboden, die Bäcker stehen und die runden, flachen Chubslaibe dem Lehrling zuwerfen, der sie draussen, noch rauchend, in schrägen Gestellen aufschichtete. Man erzählte uns, dass Nadschaf noch eine zweite, eine unterirdische Stadt berge: Jedes Haus ist zwei oder drei Stockwerke tief unterkleidet, da findet man Zimmer und Gänge und Treppen, und im Sommer ziehen die Bewohner hinunter, um sich vor der Hitze zu schützen – zeitenweise auch vor den Beduinen, denn Nadschaf, mit seinen Moscheeschätzen und ungeschätzten Reichtümern, lockt leicht die Räuber der Wüste an; ausserdem lebt es in beständigen Intrigen, verwickelt in die Fehden der Stämme und in Abenteuer dunklerer Natur. Die Keller sind gute Schlupfwinkel, und draussen, in den Räumen der starken Stadtmauer, soll ein unsicheres Volk hausen, welches auf seine Weise aus der Heiligkeit Nadschafs sein armes Geschäft macht.

Als wir die Gräberstadt verliessen, den weissen Friedhof im Rücken hatten, atmete ich auf und freute mich auf Kufa, das mit seinen Cafés und Blumentöpfen auf der Uferbank, seiner schwankenden Brücke, seinem lässig strömenden Fluss ein Stück wiedergeschenkten Lebens war – selbst wenn seine Knaben mit den schmalen, glänzenden Beinen die Söhne von Verrätern sein sollten und ihre unschuldigen jungen Herzen einst den Streiter Allahs verraten werden, wenn er seine düstere Fahne über der Wüste entrollt …

Wir fuhren nun, ohne uns aufzuhalten, nach Hilla zurück, assen dort, wieder sehr verspätet, und besuchten Babylon, als gerade die Dämmerung begann. Das ungeheure Ruinenfeld lag ganz einsam; man sah in der Ferne die wallartige Erhebung der Stadtmauer, den zerklüfteten Hügel Babil und im Süden die Ruine von Kisch, der älteren Herrscherstadt. Wir gingen auf dem Pflaster von Nebukadnezars Prozessionsstrasse, blickten auf die unerschütterlich schreitenden Fabeltiere des älteren Ischtartores hinab, auf Löwe, Stier und Muschhuschschu mit der Schlangenhaut. Der Thronsaal lag schon im Schatten, das tödliche Schweigen der Riesenstadt wand sich beklemmend ums Herz.

Als wir, drei Stunden später, Bagdad erreichten, war die Maudebrücke gesperrt; eine grosse Feuersbrunst drüben in New Street rötete den Himmel.

Der vollzogene Untergang und seine beständige Drohung reichten sich die Hände.

Schakaljagden

Bagdad, 26. Februar 1934
Ein harter Rückfall in den Wüstenwinter. Kein Chauffeur erklärt sich bereit, nach Persien hinüberzufahren. Schnee liegt auf den Pässen.

Vor zwei Wochen hatte der Frühling fast österlich begonnen; in den Palmenhainen waren die Wiesen hellgrün leuchtende Teppiche, am Weg nach Kadhimain sassen die Pilger in den kleinen Cafés am hohen hellgelben Flussufer, der Rauch ihrer Wasserpfeifen stieg leicht gekräuselt zu den wiegenden Palmstämmen, die mit ihren Kronen den bleichen Tagesmond berührten.

Boote trieben friedlich flussabwärts, am Abend spielten Farben in hundert neuen Tönen; die warmen Lehmmauern neigten sich über den tiefen, gedämpften Fluss, und der Himmel war eine lichte Kuppel.

Man versprach mir, dass in weniger als acht Tagen die persischen Pässe frei seien.

Mittlerweile wurden in Hinaidi, dem Fliegerlager der Engländer, Jagden geritten. Man traf sich in Hinaidi selbst oder ausserhalb, bei Lancaster Bridge, bei Rustam Farm. Man ritt zu zwanzig, zu dreissig, hinter einer schönen Meute grosser braungefleckter Hunde. Niemandem konnte ernsthaft daran liegen, einen Schakal zu töten: Sie sind harmlose Burschen, dunkle huschende Wollballen, nicht grösser als ein Fuchs, aber bescheidener, ohne eine Reineke-Legende, ohne Franz Kafkas Vision, die ihren heimlichen Höhlenbau preist.

Sie lieben es, in Ruinen zu hausen: Unten in Warka hielten sie einen Schakal, der die Zikkurat bewohnte und sich während mehrerer Grabungswinter zutraulich verhielt. In Babylon sah man auch zuweilen ein spitzschnauziges Haupt auftauchen, hinter Mauern und Schlacken, dann wieder scheu verschwinden.

Die Jagd war ein reales Vergnügen, eine handfeste Erregung; es war nötig, sich von der bleiernen Schläfrigkeit zu befreien, die die schlaffe Luft aus der Sandwüste und der träge Lauf des mittäglichen Tigris erzeugten. Es galt, sich draufgängerisch auszutoben.

Manchmal dauerte es lange, bis die Hunde einen Schakal auftrieben. Kläffend, mit erhobenen Schwänzen, rasend erregt, schossen sie nach allen Seiten; man verlor sie, suchte sie am Flussufer und in den ummauerten Gärten, trieb sie wieder zusammen. Ritt im Schritt und Trab über die grossen, noch karg bewachsenen Flächen, über Brücken, durch schlafende Dörfer: Dort gerieten Pferde und Esel und angepflockte Fohlen in Erregung, brachen in wieherndes Geschrei aus, Rudel von grossen Hunden rasten mit Gebell zwischen die Pferdebeine; schwarze Büffel erhoben drohendes Gebrüll.

Endlich, auf freiem Feld, setzten sich wie auf ein heimliches Signal die Pferde in Galopp. Noch hatte man kein Horn gehört, die Hunde noch nicht erblickt, die irgendwo weit vorn plötzlich in gestrecktem Lauf einem winzigen dunklen Ball nachjagten. Nun strebten die Reiter, eben noch lässig verstreut, zueinander. Seite an Seite befand man sich mitten im Rennen. Kanäle, trockene und wassergefüllte, schmale, fast unsichtbar im Gelände, und breite mit unbequemen Erdwällen, folgten immer schneller aufeinander. Aber auch die Geschwindigkeit wuchs immer noch; nun lagen die besten Pferde an der Spitze und fegten über die Gräben, fast ohne dass der Reiter es bemerkte.

Manchmal dauerte ein solches Rennen mehr als drei Meilen. Der Wollball huschte durch trockene Kanäle, tauchte weit entfernt im Feld wieder auf. Manchmal schien man ihn von zwei Seiten fassen zu können, erkannte schon die spitzige Schnauze, sah die schwarzglänzenden Augen der kleinen Kreatur. Oder sah man sie nicht?

Meistens entging uns der Schakal, es gab Löcher in den Lehmmauern der Gärten, selbst schmale Tore, und drin war es dunkel, kühl, geborgen. Wie rasend sprangen die Hunde an der Mauer hoch. Wir führten die schweissbedeckten Pferde im Schritt umher.

Manchmal gab es auch Zwischenfälle. In der Erregung des Rennens wurden die Pferde gleichsam blind, stürzten in Gräben oder erblickten sie zu spät und brachen aus. Der Master fiel und brach sich die Schulter; fast bei jeder Jagd gab es mehr als einen Sturz. Einmal gerieten wir in weiches Gelände, fünf Pferde sanken ein. Nie werde ich den Anblick eines der Tiere vergessen, welches, bis zum Hals im Lehm versunken, von Schaum und Schweiss bedeckt, uns aus schreckhaft erweiterten Augen ansah. Es hatte allen Widerstand aufgegeben; Todesangst hatte es ergriffen, es rührte sich nicht mehr. Herren und Reitknechten gelang es nach einer halben Stunde, das Pferd zu befreien. Es stand jetzt ganz ruhig und liess sich zudecken und mit den anderen Pferden wegführen.

Dann kamen die Kälte und der Staubsturm, und die nächsten Jagden mussten ausfallen. Nervosität lag in der Luft. Das Kabinett reichte seine Demission ein, der junge König wollte die Minister nicht anerkennen. Zwei der alten Minister verliessen ihre Posten, langjährige Gegner. Bei S. Bey spielten sie, Sonntag nachmittags, Bridge am gleichen Tisch.

Der Bürgermeister von Bagdad liess mir durch den städtischen Ingenieur zeigen, was von der Residenz Harun al-Raschids – der glänzendsten, reichsten und märchennahsten Stadt des Orients – übriggeblieben ist.

Dann nahm der Sturm zu, und man sass im Hotel gefangen. Am Morgen war der Tigris eine lehmfarbige, gurgelnde Flut, das andere Ufer unsichtbar, alles in gelben Staub wie in dichten Nebel gehüllt.

Staub drang durch die Fenster und Türfugen, es herrschte eine trockene Kälte; Kohlenbecken standen wieder im Esssaal, und in meinem Zimmer malte das Kaminfeuer nachts grosse, lebendige Schatten an die Wände.

Die Sonne leuchtete gegen Mittag fahl durch den Staubnebel, und die Stadt sah nun noch merkwürdiger aus: Die Häuser waren gelbe Schemen, der Fluss vermischte sich mit dem Himmel und verlor seine Ufer im Ungewissen, die Feuer der Garköche an den Strassenecken waren winzige rötliche Punkte in der Finsternis, die Droschken mit vermummten Kutschern unter riesigem schwarzem Dach flogen wie Fledermäuse undeutlich vorüber. So wird sich, dachte ich, das Ende der Welt ankünden, mit der Auflehnung junger Könige, rieselndem Sand, Staubgeruch und gelber Erstickung.

Inzwischen schlug die Kälte in Wärme um, der Frühling kam von Osten; laue Winde strichen über die Bergpässe, Schnee löste sich auf, füllte die Bachbetten und stürzte rauschend ins Tiefland. Eines Abends kamen drei Italiener aus Teheran an. Sie hatten eine Nacht in einem Chan am Peitak-Pass zugebracht; sonst waren sie ohne Hindernis und Unterbrechung gefahren.

Zwei Tage später wurde ein Wagen gemietet und auf fünf Uhr des nächsten Morgens bestellt. Mein Gepäck liess ich grösstenteils in Bagdad zurück.

Persien: die Reise nach Teheran

Hamadan, 5. März 1934

Gleich hinter den Ölfeldern von Chanakin lag die irakische Grenze. Ein gelbes Fort stand auf gelben Hügeln; vom Zollhaus lief ein Stacheldrahtzaun hinauf, und eine hölzerne Schranke versperrte die Strasse.

Dahinter lag Persien – ein uraltes Königs- und Hirtenland; doch bis heute empfängt es den Reisenden mit der Überraschung seiner unvergänglichen Gebirge.

Der Name der persischen Grenzstation war Chosrawi: Da wurde man lange aufgehalten. Pferde und Esel warteten in brütender Sonne, auf Bündeln sassen geduldig Wartende, Pilger und Wanderer, Händler, Treiber, Karawanenführer.

Man fertigte uns ab und öffnete die Schranke: Da fuhren wir auf der Strasse der persischen Heere, die einst gegen Griechenland zogen.

Der langsame, kurvenreiche Aufstieg des Peitak-Passes begann. Wir liessen die gelben Hügel hinter uns und die tiefen Stromländer. Ein neuer Blick von herber Grösse öffnete sich und erfüllte mit Jubel und jähem Staunen.

Berge schienen sich in die Ewigkeit fortzusetzen; breite Täler lagen noch schneebedeckt zu ihren Füssen, da flossen Bäche zwischen niedrigen Ufern, und Weiden wiegten sich im leichten Bergwind.

Von der Höhe des Peitak-Passes sah man nach beiden Seiten die Strasse hinabsteigen: in die Ebene, die wir verliessen (sie lag schon in blauen Abenddunst gehüllt), und in das weisse Hochtal, an dessen Ende die Stadt Kermanschah liegt, und die Felsen von Tak-e Bostan und Bisotun.

Noch unsichtbar begann dort ein zweiter Pass und führte hinüber in das hochgelegene Hamadan, einst Ekbatana, die Mederstadt, die erste Residenz des Reiches.

»Ich, Dareios, König der Könige … König dieser grossen Erde« – die diese anmassende und beschwingte Formel fanden, kamen aus einem Land, wo Götter wohnen sollten, aus Hochebenen zwischen namenlosen Gipfeln, breiten, gesegneten Tälern unter Frühlingsstürmen. Ihre Städte, Burgen und Dörfer lagen am Rand des ewigen Schnees und an den glücklichen Bergbächen, die er speist. Sie überschritten die Schwelle Irans und stiegen hinab in die trägen Ebenen; sie, die Schüler Zarathustras, betraten den Boden der Stadtgötter. Hochmut musste sie ergreifen wie eine Flamme: Die dort unten waren Knechte, Städter, Kanalgräber; sie aber kamen aus den Feuern ihrer Lehre, aus der kalten Flut ihrer Bäche, aus dem frischen und heiteren Wind ihrer Gebirge … und sie siegten meistens.

Wir kamen am ersten Tag nur bis Kermanschah, der grössten Stadt im persischen Kurdistan. Da gibt es grosse Mohnfelder, die im Juni wie Baumwolle blühen, weisse, weithin wiegende Schleier. Kurdenfrauen schneiden die Pflanze an und sammeln den zu zäher Masse erstarrten Saft, dessen giftig-süsse Wirkung schon den alten Assyrern vertraut war. Vergil nannte es das »schlaferregende Mittel«; auch den Hunger vermag es wohltätig zu betäuben. Dass Harun al-Raschid ein Klümpchen Opium Karl dem Grossen als Geschenk übersandte, berührt seltsam, beweist aber, in wie hohem und unverdächtigem Ansehen die Droge stand: Sie war sogar hoffähig.

Die Perser sind ein sehr dichterisches Volk, doch ihre Begabung ist unstet und schwankend, rauschartig, verführerisch, leicht ausartend in Plattheit. Sie hält die Mitte nicht ein zwischen Genusssucht und sublimem Geschmack, plumpem Lob der Trunkenheit und den bezauberndsten Zuständen von Entzücken, Realitätsflucht und Sternennähe. Niemanden, der das Werk ihrer Dichter kennt, wird ihre Empfänglichkeit für die Verführungen des Opiums wundernehmen. Auch die dünne Luft ihrer Hochebenen, die gleichsam unwirkliche Fernsicht, das Übermass in allen Dingen mag dazu beitragen, sie zu Kindern und Träumern zu machen: zu Menschen, die auf den Zehenspitzen gehen und um keinen Preis der Not ihres Daseins anders zu Leib rücken als durch grenzenlos geduldige, täglich erneuerte Flucht ins Wunderbare. Auch die Indios, die in einer ähnlich grossen und masslosen Landschaft beheimatet sind, kauen Giftblätter und ergeben sich in der leicht berauschenden Luft der Anden tieferen Träumen … Nur die Kurden unterscheiden sich gänzlich von den Persern: Obwohl jene arm sind wie diese und in ausweglosem Elend leben, verfallen sie nicht in die gebeugte Haltlosigkeit und leicht unheimliche, gleichgültige Entrücktheit. Ihre Frauen gehen unverschleiert und tragen den schweren, turbanähnlichen Hut wie die Kurdinnen Anatoliens. Stolz kennzeichnet sie auch hier. Die Jünglinge sind schön und anmutig, die Frauen zeigen sich mit ihren schmalen und gebräunten Gesichtern herb und beinahe männlich.

Wir fuhren am frühen Morgen durch Dörfer, die samt dazugehörigen feudalen Rechten alten kurdischen Adelsfamilien gehören. Wir sahen die rauchenden Lehmhütten der Bauern, ihre grossen Hunde, ihre schwarzen Ochsen, die, vor altertümliche Pflüge gespannt, über die Felder gingen.

Der Boden war kaum aufgetaut und dampfte in der Morgensonne. In Tak-e Bostan schwamm noch eine dünne Eisschicht auf dem Teich. Der Name bedeutet: die Gartengrotte. Man kann daraus schliessen, dass sich an dieser Stelle in frühsassanidischer Zeit ein königlicher Wohnsitz befand, der zum Anlass der erhaltenen Felsreliefs wurde. Die der kleineren Grotte stammen aus der Zeit Schapurs II. und Schapurs III.; diejenigen der grossen Grotte, Jagd- und Belehnungsszenen und das Reiterbild des Königs, gehören der letzten sassanidischen Epoche an, nämlich der Regierungszeit Chosraus II. (590–628). Der König ist auf seinem berühmten Pferd Schabdis dargestellt; sein Gesicht ist vom Kettenpanzer bedeckt, er hält die Lanze über der rechten Schulter und sitzt leicht zurückgelehnt im Sattel. Das Bild macht einen sehr monumentalen und bedeutenden Eindruck; die Haltung des Königs, zugleich würdig und trauernd, zugleich gleichnishaft-allgemein und ergreifend persönlich, erinnert noch an die frühen Vorbilder: Persepolis.

Dafür sind die Jagdszenen an den Seitenwänden eine rechte Augenfreude. An der linken Felswand jagt der König Wildschweine, an der rechten das edlere Damwild. Man sieht ihn mehrmals dargestellt, fast lässig abwartend oder in vollem Galopp den starken Bogen spannend – vor ihm, über ihm, unter ihm fliehen die Tiere in dekorativen Scharen, und seine Begleitung, in bescheidener Verkleinerung neben dem Herrscher dargestellt, saust mit verhängten Zügeln hinter dem raschen Wild.

Die Wildschweine jagt man vom Boot aus: Da sitzen die Haremsfrauen, züchtige Zuschauerinnen, und zierliche Ruderer warten, bis der grosse Chosrau, im Boot aufrecht stehend, den tödlichen Pfeil absendet. Zwei Eber brechen von oben durch das Schilf und stürzen sich begierig dem Jäger entgegen; unten stampfen Elefanten in dramatischer Anordnung vorbei, oben flieht eine Wildschweinherde, Leib an Leib gedrängt.

Von der »Gartengrotte« erreichten wir den dunklen Felsen von Bisotun in einer knappen Stunde. Ein Kurdenjunge führte mich bis unter die steile, fast überhängende Wand, woran in grosser Höhe Dareios über die Lügenkönige triumphiert. Das Relief mochte hier oben vor Zerstörung sicherer sein und hing nun, eindrucksvoll und göttlich entrückt, wie eine beständige Drohung über der Ebene und der Heerstrasse nach Babylon.

Dreisprachig die Inschrift: babylonisch, elamisch und altpersisch – für die Ohren vieler Völker bestimmt.

Man nannte diese Stelle »das Tor von Asien«.

Der Assadabad-Pass führte von hier hinüber nach Hamadan-Ekbatana. Noch lag Schnee, hohe vereiste Mauern säumten die Strasse.

Man fuhr tausend Meter abwärts bis Hamadan: Oben herrschte schier furchterregende Einsamkeit. Auf der Passhöhe fanden wir einen Chan, eine Lehmhütte; an der Nordseite reichte der Schnee bis zum flachen Dach. Ringsum glänzten grosse Schneeflächen in der Mittagssonne.

Man fuhr tausend Meter abwärts bis Hamadan: Weithin überblickte man die Strasse; sie lief fast geradeaus in die unfassliche Ebene, durch Hügeltore, von Terrasse zu Terrasse sinkend. Unsichtbare Schleusen schienen am Werk.

An den fernen Rändern der Ebene glänzten Berge im weichen Licht des Abends, und wenn wir ihnen näher kamen, erhoben sich neue, höhere Ketten in ihrem Rücken. Sie tauchten dunkel und unverbunden aus der Tiefe und standen am Ende aller Dinge wie Tod und Verklärung.

Als wir Hamadan endlich erreichten, war es dunkel. Laternen erleuchteten die hölzerne, einstöckige Galerie des *Hôtel de France.* Eine Russin brachte heisses Wasser und machte sich geschäftig daran, im Ofen ein Feuer zu entfachen. Ihr Kind, flachshaarig und pausbäckig, sah uns aus seinen hübschen dunklen Augen zu. Als ich es ansprach, drehte es sich so geschwind um, dass sein runder Rock sich wie ein Ballettröckchen um die dünnen Kinderbeine bauschte.

Im Hof standen Weiden zwischen zusammengeschaufeltem Schnee. Ein gepflasterter Weg führte zwischen Schneeflocken und dunkler Erde hinüber in den von Holzsäulen getragenen Essraum.

Es gab Tee und russischen Wodka, eine Petroleumlampe, ein Tintenfass. Draussen herrschte ein richtiger Frühlingssturm, die weissen Weiden wurden geschüttelt, der Schnee fiel von ihren zarten Zweigen.

Ich schrieb bis zum Abendessen. Am Ofen sass die russische Bedienerin, die Hände im Schoss …

7. März 1934

Wir verliessen Hamadan um sieben Uhr morgens. Der Sturm hatte die ganze Nacht hindurch gedauert; am Morgen spannte sich ein durchsichtiger Himmel über der weissen Hochebene. Wir kamen wieder ins Gebirge, der laue Wind, der Anblick des Frühlings, der silbernen Stämme an aufgebrochenen Ufern setzte sich fort. In diesem Land, in dieser Jahreszeit feierte das europäische Herz …

In Kaswin standen früher Kosakenregimenter. Russische Firmenschilder, russischsprechende Bediente in den Gasthöfen erinnern daran. Auf der breiten Strasse, die in die Stadt hineinführt, begegneten wir einem ununterbrochenen Zug von Lastwagen, Eselherden, Reitern und Fussgängern, Karawanen zottiger Kamele. Ihre Treiber hatten dunkle und flache Mongolengesichter; sie trugen *Pustine*, gelbe Schafspelze, wie die Kutscher, die auf den zweirädrigen Karren lagen und schliefen.

Drei Stunden dauerte die Fahrt von Kaswin nach Teheran, sie war eintönig und führte durch eine Ebene, die kein Ende zu nehmen schien. Weisse Gebirge säumten sie und sandten regellose Frühlingsbäche hinunter. In gleichen Abständen lag ein Chan am Wege; da ruhten die Karawanen, Kamele lagen, die Köpfe nach innen, im Kreis.

Da tauchte endlich der Demawend auf, der Sechstausender; sein weisses Haupt verschwand in den hohen, leichten Abendwolken. An seinem Fuss (Entfernungen rückten rätselhaft zusammen und waren ohne Mass) liegt Teheran, Persiens Hauptstadt: Wie in Innsbruck sehen die schneebedeckten Berge überall in die breiten Strassen hinein.

Teheran

März 1934
Keine Jahreszeit hätte sich besser eignen können, um die Bekanntschaft Persiens zu machen, als dieser herbe und liebliche Frühling! Die Sonne hat schon einige Kraft, aber die Luft ist frisch und immer von leichtem Wind bewegt. Die grossen Hochebenen sehen aus wie dem Himmel entrissen, die Gebirge an ihrem Rand glänzen in überirdischen Farben – aber trotzdem ist das Land nicht urweltlich, sondern präsentiert sich als alter, geschichtlicher Boden und weckt abwechselnd Ehrfurcht und Neugier. Man versteht immerhin, dass es den Arabern so leicht gelang, die Perser von ihrer Vergangenheit zu trennen und ihnen ihre Religion zu nehmen und durch den Islam zu ersetzen; und man versteht noch besser, dass später die Legenden Firdausis zur nationalen Tradition erhoben wurden, ohne dass es jemandem einfiel, an ihrer mehr als geschichtlichen Wahrheit zu zweifeln. Denn jedes Geschehnis muss hier einen gleichsam übernatürlichen Charakter erhalten, und es konnte keinen Anstoss erregen, Städte, Tempel und Paläste Göttern und Heroen zuzuschreiben, wie auch die Throne, die Grabmäler und die Bilder, die man in Felsen eingehauen fand und deren Inschriften von niemandem mehr gelesen wurden …

Man liest sie heute, und wenn die Ausgrabungen fortschreiten, Ekbatana und Rhagai freigelegt werden und Persepolis seine letzten Geheimnisse hergibt, wird man alles beim rechten Namen nennen und den Ereignissen ihren rechten Platz zuweisen können. Aber die Tatsache wird nur bestätigt werden, dass dieses den irdischen Massen entrückte Land der Schauplatz aller riesenhaften und furchtbaren, zuweilen auch erhabenen menschlichen Geschehnisse wurde, gerade als ob die Menschen der Nähe des Himmels nicht gewachsen wären und in taumelnde Selbstüberhebung gerieten. In diesem Zustand machte die Legende sie zu Halbgöttern – Persien war damals die Heimat eines unruhigen, hochfahrenden und begabten Volkes geworden, dessen Jünglinge ich gern von Hölderlin beschrieben wüsste; sie waren ritterlich und schwärmerisch, vom Wert ihrer kriegerischen Tugenden überzeugt, dabei von verletzlichem Stolz. Man lehrte sie »mutig sein und gut reiten« – aber diese Ideale verblassten während der jahrhundertelangen Fremdherrschaft von Türken und Mongolen. Ihre Heimat war das »Tor von Asien«, und unendliche Völkerzüge wälzten sich über seine Hochebenen, nicht ohne etwas davon zurückzubehalten; sei es auch nur die Erinnerung an seine Grösse. Für alles büssten die Perser. Mit der Dynastie des Schahs Abbas begann eine neue nationale Geschichte, aber es war die einer langen Degeneration. Eine solche Verfeinerung der Kunst, mit der sie sich fast ausschliesslich beschäftigten, ist immer schon das Zeichen der Abwendung von den groben, handfesten Aufgaben des Kriegführens und vom nationalen Ehrgeiz.

Die Perser verraten heute eine Genügsamkeit, wie sie Völkern eigen ist, die eine grosse Aufgabe hatten und ihre Rolle erfüllten und nun bereit sind, in den grossen Schoss der Geschichtslosigkeit zurückzukehren. Es mag etwas orientalische Indolenz mit dabeisein, doch soll man sie nicht mit der Erschöpfung aus tieferen Ursachen verwechseln. Die Inder erfanden nach einem verwandten Schicksal eine Religion der Passivität und beschwören die unendliche Auflösung in unsere endliche Zeit. Die Perser aber sind heute noch, wenigstens in religiösen Gefühlen, eines Fanatismus fähig, der wie ein Aufflackern bedrohter und im Kern schon angegriffener Energien ist. Sonst aber warten sie, anscheinend ohne grosse Hoffnungen, darauf, dass die Pforten des Paradieses sich ihnen öffnen.

Ali, ihr Prophet, und ihr Liebling Hussain tragen Märtyrerkronen, doch kennen sie nicht die Verklärung des Leidens, die dem Christentum eigentümlich ist, und haben deshalb auch keinen Trost demütiger Herrlichkeit zu vergeben.

Wirksamer ist jener unbenennbare Zustand des *Keif,* der die Grenzen zwischen angenehmen und leidenden Empfindungen verwischt, den schwachen Willen des Individuums auslöscht und ihm eine körperlose Hand aus den Wolken leiht …

Die Kaspischen Tore

Wir fuhren von Teheran aus über Waramin bis in die wüstenähnliche Hochebene, welche das Elburs-Gebirge von der grossen Salzwüste Kawir trennt.

An ihrem Ende senkt sich der Gebirgszug zu einem niedrigen Sattel: Dort ist der Ort der Kaspischen Tore, ein berühmter Völkerdurchgang, die Brücke nach Norden und in die grossen benachbarten Gebiete Innerasiens.

Als Alexander den Dareios Kodomannos verfolgte, liess er sein Heer drei Tage in der Stadt Rhagai rasten, zog dann den Rand der Berge entlang und durch jene Pylae Caspiae nordwärts. Doch hatte den Perserkönig sein Schicksal schon erreicht, und für Alexander blieb keine andere Tat, als den Mörder ans Kreuz zu schlagen.

Rhagai – wir durchfuhren zuerst sein ausgedehntes Ruinenfeld – ist erst durch den Mongolen Hülägü zerstört worden. Er soll 700 000 Menschen umgebracht haben; die überlieferte Zahl beweist jedenfalls die Schrecklichkeit des Ereignisses.

Wir besuchten den grossen Mongolenturm und stiegen dann zu der Begräbnisstätte der Perser hinauf, dem runden Turm des Schweigens. Auf kahler Geröllhalde erhebt er sich; eine kleine Türöffnung ist noch sichtbar, durch die man die Leichen schob, um sie den Geiern zum Frass zu überlassen.

Überblickt man vom Fuss des Turms das heroisch-düstere Panorama, so erhält sein Name eine strenge Gewalt.

Bis Waramin brauchten wir zwei Stunden und fuhren durch die gleichnamige Ebene: ein fruchtbares und beinahe anmutiges Land mit Äckern und Weiden und ummauerten Gärten. Wir kamen auch an vielen Ruinen vorbei; es mögen

Militärstationen, Karawanenobdache, Befestigungen gewesen sein; einige sind aber so umfangreich, dass man innerhalb ihrer Mauern eine ganze Stadt vermuten möchte.

Diese Plätze sind alle noch nicht oder nur flüchtig untersucht und der Archäologie und Geschichte unbekannt.

Ausserhalb des Dorfes Waramin steht die Ruine der Grossen Moschee, einer der ältesten und schönsten Moscheen Persiens. In ihrem Inneren sind noch köstliche Reste jener Lehmstukkatur erhalten, die man vor der Mongolenzeit und besonders im dreizehnten Jahrhundert in Persien vollendet herstellte. Bunte Kacheln schmücken das zerbrochene Eingangstor.

Die Moschee stand damals in einer blühenden Stadt; als Rhagai durch die Mongolen zerstört worden war, wurde Waramin ihre Nachfolgerin, und lange blieb ihre Keramikfabrik berühmt. Im Norden der Moschee befindet sich ein ausgedehntes Feld voller Scherben von glasierten Kacheln und verschiedenartiger Töpferei.

Heute kann man sich für die schöne Ruine keine idyllischere Umgebung denken als die grünen Weiden, die sich bis zu niedrigen Hügelzügen fortsetzen und bis zum Dorf Waramin mit seinem gelben Mongolenturm.

Das weisse Gebirge am Horizont ist so weit entfernt, dass es seiner Macht entkleidet wird und sich wie die Kulisse auf alten schweizerischen Landschaftsstichen ausnimmt.

Von Waramin fuhren wir auf einer schlechten Strasse bis Dschaafar, einem hübschen Dorf mit engen Gassen zwischen hohen Lehmmauern, grossen Gärten und Gurkenfeldern und einem ländlichen Basar, wo es allerhand Handwerker, Schuster, Bäcker, Schmiede und Filzklopfer gibt. Wir sahen den Filzklopfern eine Weile zu: Sie knien zu viert oder zu mehreren in der erhöhten Bude und werfen sich mit dem Gewicht ihres Oberkörpers in rhythmischen Abständen auf die Filzrolle. Man sieht das feste weisse Material zuweilen rotbestickt als Pferdedecken. Die Strasse durch den Basar ist schmal und winklig und kaum für eine Kamelkarawane gedacht, geschweige denn für einen langen Wagen. Gleich dahinter führt der Weg durch kahle Sandhügel aufwärts und ist nun nichts mehr als eine schwach sichtbare Karawanenspur. Der Boden war ganz trocken, und wir fuhren, als wir die Höhe erreicht hatten, noch etwa eine halbe Stunde in die Ebene hinein, die sich plötzlich vor uns auftat. Sie ist stellenweise mit weissem Salz bedeckt und bildet die Schwelle zur Grossen Kawir, deren Durchquerung eine der ersten grossen Unternehmungen Sven Hedins gewesen ist. Wir sahen rechts von uns ihre dunklen Randketten. Links, am Ende der Ebene, erblickten wir die Heerstrasse Alexanders, heute ein dürftiger, von Lastautomobilen und Karawanen benutzter Weg, und in blassem Dunst die breite Einsenkung der Kaspischen Tore.

Kurz hinter dem kleinen Dorf Hadschiabad hielten wir an und lagerten unter einem Baum: Er war weithin der einzige und hatte, geduldig kärglichen Schatten spendend, schon ein hohes Alter erreicht.

Ich erinnere mich an einen Mann mit zwei Kamelen und einem Kamelfüllen. Wir sahen sie aus der Richtung der weitentfernten Tore auf uns zukommen, unendlich langsam wuchs ihre Nähe, und unendlich langsam zogen sie weiter. Das kleine Kamel trottete auf hohen, sonderbar steifen Beinen neben den erwachsenen Tieren und sandte uns aus länglichen Augen neugierig-zutrauliche Blicke zu.

Wir brachen um vier Uhr wieder auf. Als wir Waramin erreichten, hatten seine Mauern schon die »Leprafarbe« tödlicher Schwermut, ein gedämpftes und lustloses Gelb. Um diese Stunde fühlt man sich in den Gassen persischer Dörfer beklommen und fast gelähmt.

Draussen aber war es ein schöner Abend. Der Demawend befreite sein Haupt einen Augenblick aus den Wolken. Zwei Störche trafen sich auf dem Feld und flogen nahe an uns vorüber zu ihrem Nest, welches schief am Mongolenturm von Waramin klebt.

Mazanderan

Die Reise nach Mazanderan, lange beschlossen und sorgfältig vorbereitet, begann eines Morgens, um sechs Uhr, mit einer Fahrt über den Firuskuh-Pass, der seit alten Zeiten aus der Ebene von Teheran zum nördlichen Absturz hinübersteigt. Wir fuhren drei Stunden bis zu seinem Fuss, aber stets schien er sich wieder wie verzaubert von uns zu entfernen, so endlos ist die Ebene und so sehr verliert man den Begriff von Raum und Mass.

Das Dorf, ein sonderbarer kleiner Ort unter dem dunklen Schirmdach eines riesigen Felsblocks, heisst Firuskuh wie die Strasse; am Abhang schichten sich Häuser, halbe Höhlenwohnungen, und erinnern an die Totenwohnstätten Anatoliens.

Wir fuhren nun den Pass empor, die Kurven führten tief in die Falten des Berges und in kühnem Bogen wieder daraus hervor. Es war dunstig, der Ausblick verschloss sich; bald sah man nur die Strasse, ein Stück steilen Abhangs, manchmal einen Felsen, der sich wie ein Tor in die Strasse schob oder wie eine erstarrte Steinlawine darüber hing.

Dann wusste man sich zwischen Höhe und Absturz und verfiel in Schweigen; doch übertönte es das Geräusch des Motors im zweiten, bald im ersten Gang …

Die Luft wurde dünner, leichter, kälter. Man fühlte die alte Ergriffenheit auf den Wegen, die über ein Gebirge und eine Passhöhe hinüberführen in eine andere Welt.

Oben hatten wir den Nebel plötzlich überwunden und befanden uns auf einer weiten Ebene, die umrahmt war von braunen, dahinter von weissen Ketten. Sie hatten an Höhe und Majestät verloren, nun waren sie schon Boten des Himmels, kristallkalte Luft wehte von ihnen herüber, ein leichter Wind auf der Hochfläche.

Wo die Strasse abwärts führte, waren wieder Täler und enge Schluchten, an mehreren Stellen stiessen wir auf den Bau der Transpersischen Bahn. Dunkle Tunneleingänge, Brückenpfeiler, aufgeworfene Erdwälle bezeichneten ihre zukünftige Strecke, Scharen von Arbeitern bedeckten steile Abhänge, wo der Erdboden nachgeben wollte und durch Verbauungen aufgehalten wurde. Inmitten der grossen und einsamen Gebirgsgegend schien es hier ein kühnes Unterfangen, eine richtige Aufgabe für unsere Zeit, welche es liebt, die Natur nicht zu fürchten und nicht anzubeten, sondern mit ihr und gegen sie Hand anzulegen.

Wir hatten die Klimascheide überschritten und befanden uns bald in einem Tal, welches den Voralpen der Schweiz vergleichbar ist. Die Hügel waren glatte hellgrüne Weiden, in der feuchten Talsohle standen die Gehöfte, langgestreckte, niedrige Hütten mit tiefen Giebeldächern aus Stroh und Holzschindeln. Holz! Damit begann eine andere Kultur; statt der nackten gelben Lehmmauern umzogen nun Zäune aus Latten, Pfählen und Strauchwerk die Gärten, und an einem steilen Hügel lag, wunderbar unregelmässig, ein Kraal aus Ästen und aufgehäuftem Dorngebüsch.

Ich sah die ersten Reisfelder: die Abhänge terrassiert, von oben anzusehen wie die Höhenkurven auf einer Landkarte und überschwemmt; fremd zwischen den wohlbestellten Äckern, der braunen Erde, dem hellen Grün junger Saaten.

Bald begann der Bergwald, hochstämmig, silbern, hellbraun, noch kahl, und durch die Zweige sah man an den jenseitigen Abhängen wieder angehäuftes Material und Arbeiter und hörte hallende Schläge.

Im Wald lagen zerstreut kleine Ansiedlungen; auf gerodeten Flecken weidete schönes Vieh, die Gehöfte bestanden, wie es sich gehört, aus Wohnhaus, Stall und Scheune und umschlossen den Hofraum. Dies alles schien, nach den nackten Formen des ariden Hochlands und nach so viel orientalischer Architektur der horizontalen Flächen, ungemein malerisch, formenreich, auch klein, wie zum Spielen ausgedacht.

Der Wald wurde bald dichter; er zieht sich von diesem romantischen Vorgebirge als breiter Gürtel bis in die tropische Zone hinunter und nimmt dort den Charakter des Urwalds an. Aber das sahen wir erst später.

Wir fuhren am ersten Tag bis Maschhad-e Sar, einem kleinen Hafen; dort sah ich zum erstenmal das Kaspische Meer, einen abendlichen blauschwarzen Spiegel hinter dem aufgebrachten Schaumwall vor der Flussmündung. Der Fluss lag friedlich, Wiesen reichten bis an sein niedriges Ufer; auf unserer Seite die Häuserreihe des kleinen Ortes, die Hafenschuppen, die blaugestrichene Holzgalerie des *Hôtel d'Orient,* in dessen rasch geleerten Zimmern wir unsere Feldbetten aufschlugen, Decken ausbreiteten, den Küchenkoffer auspackten und eine Art von Flüchtlings- und Lagerleben entfalteten. Draussen regnete es. Einbäume lagen auf dem Fluss, darin standen unbeweglich die Männer, die mit langen Widerhaken Fische stachen. Wir kochten einen grossen, frisch gefangenen Lachs, tranken Glühwein und schliefen schon um neun Uhr.

Am anderen Morgen standen wir um halb sieben Uhr auf und fuhren auf das andere Flussufer zu den Gebäuden der russisch-persischen Kaviarfischerei. Da sah man grosse, hölzerne Bottiche mit zerlegten und gesalzenen Stören – langen bläulichen Tieren –; ein Russe wog im Nebenraum den Kaviar ab, auf Gestellen reihten sich die Blechbüchsen, später ein luxuriöser Anblick in den Restaurants der grossen europäischen Städte.

Der Feierzeit der Naurus-Tage wegen waren keine Boote hinausgefahren. Vor einem Schuppen sassen ein paar Arbeiter und schärften die langen, feingeschliffenen Angeln, die man, in Netzen befestigt, vor die Flussmündung legt: So fängt man die Störe ab, die zum Laichen in den Fluss hinaufschwimmen wollen.

Zweimal im Monat landet in Maschhad-e Sar ein russischer Dampfer und bringt den Kaviar nach Pahlawi und in die russischen Häfen. Von dort reist er weiter, nach Europa.

Wir gingen etwa eine Stunde dem Strand entlang durch die Dünen, die sich im Halbkreis einsam ausdehnen, vom Wind heimgesucht und von Scharen wilder Gänse, welche langgestreckte Ketten bilden und, sich teilend und vereinend, über unseren Köpfen ostwärts zogen. Kein Nils Holgersson ritt auf ihrem Rücken und liess seinen kleinen Holzschuh auf den Strand fallen …

Wir gingen durch das geschützte, von Dornsträuchern, blühendem Ginster und gelben, uns unbekannten Blüten bedeckte Land hinter den Dünen zurück; Zebus weideten auf dem spärlichen Boden und hatten kleine Pfade durch das fast undurchdringliche Gebüsch gebrochen. In der Nähe des Flusses, auf Wiesen, wo wilde Obstbäume in rosa und weisser Blüte standen, trafen wir kleine bäuerliche Anwesen, umschlossene Höfe, darin Ziehbrunnen und buntgekleidete Kinder, die sich auf die Schwelle des Hauses hockten, neugierig und aufgeregt in unsere Fotoapparate schauend.

Wir fuhren um elf Uhr weiter, auf der guten Küstenstrasse, bald dicht am Meer, bald im Urwald, der stellenweise mit breiter Zunge gegen die Küste vorrückte.

Kurz vor Deno, dem zukünftigen Hafen von Teheran am Ausgang der neuen Tschalusstrasse, kochten wir ab. Es war ein stiller Platz, vom Wind geschützt, aber nah genug am Meer, so dass wir sein gleichmässiges Rauschen hören konnten. Hier hatte der Wald alle wuchernden, mass- und formlosen Gestalten der Tropen: Geborstene und hohle Stämme reckten sich ans Licht; von abgedrosselten Ästen hingen wie Schlangenleiber grosse Lianen, schlugen Knoten und Violinschlüssel, griffen nach den Wurzeln und boten einen sonderbar gefährlichen Anblick. Auf den Stämmen wuchs Moos, Farnkraut und daneben fremdes Gewächs, eines sog gierig Leben aus dem anderen; unten lag in schwerer Feuchtigkeit der Boden und nahm Keime auf, giftige und zarte, und schützte die Wurzeln junger Pflanzen, die bleich unter den Schatten der alten sich zu einem verkrüppelten Dasein entschlossen.

Ein junger Bär wurde uns zum Kauf angeboten; seine Mutter hatte man vor wenigen Tagen erschossen und den Kleinen von ihrer Seite fortgetragen. Aber von den Tigern hörten wir nichts; sie halten sich oben in den Bergen versteckt, Fabeltiere und Räuber, und geben nur von Zeit zu Zeit Zeichen ihrer gefährlichen Gegenwart. Die schönen Felle von Leoparden und Geparden sieht man dafür noch häufig im Basar von Teheran.

Um sechs Uhr abends erreichten wir Ab-e Garm, den Ort der heissen Wasser und Schwefelquellen; ein Sanatorium mit Badehaus und Ziergarten steht zwischen dunklen Orangenhainen. Zwischen Meer und Strasse dehnt sich ein Streifen von sumpfigem Land aus, dort stösst man überall auf Gräben und stehendes Wasser. Überschwemmte Reisfelder sind die Nachbarschaft: lauter Herde des Malariafiebers.

Mit der Krankheit bezahlt die Bevölkerung die Fruchtbarkeit dieses Landstrichs.

Ab-e Garm

Palmsonntag, 25. März
Es ist sieben Uhr, ein schöner Tag. Ich befinde mich in einem engen Tal zwischen dichtbewaldeten Hügeln; die kühle Feuchtigkeit der Nacht, der Geruch von Gras, Laub und Moos, die Frische des Morgens entströmen dem Boden. Der Bach fliesst über grosse Steinblöcke, über Geröll und Kiesel. Am Ende des Tales, zwischen leichtgefärbten Wolken, treffen die ersten Sonnenstrahlen einen schneebedeckten Berg, einen Torhüter.

Ringsum herrscht Stille.

Dies alles könnte in einem Tal Graubündens sein, die waldigen Hänge, Schnee an ihrem Ende und das frische Gebirgswasser, läge nicht zu den Füssen, zwischen den Bäumen sichtbar, das Kaspische Meer: ein unendlicher und stiller Horizont.

Wir blieben den ganzen Palmsonntag in Ab-e Garm und stiegen in dem Gebirgstal aufwärts. Wir trafen Köhler an; sie unterhielten in einem hohlen Baumstamm eine langsame Glut, um sich die Streichhölzer zu ersparen; in flachen Holzschalen bewahrten sie ihren Reis, saure Milch in einem Tonkrug. Im Gebüsch weideten Schafe; ihr Hirt, ein Turkmene, trug einen schwarzen Filzmantel, wie die Reiterhirten Anatoliens, und eine geschliffene Axt auf der Schulter. Er stand da und sah uns zu, seltsam reglos, fast unnatürlich abgekehrt.

Von oben öffnete sich ein weiter Blick auf die sumpfige Ebene, das gefährliche Land, und auf die stahlblaue Meeresfläche: Unsichtbar floss sie mit dem grauen Horizont zusammen.

Am Ausgang des Tales standen auf gerodeter Fläche eine Anzahl von Hütten. Bauern wohnten da; ihre Frauen, bunt gekleidet, unverschleiert, trugen die Krüge voll Sauermilch auf ihren Köpfen in die Küstendörfer.

Am Nachmittag wurde es empfindlich kalt. Wir fuhren an den Strand hinaus und fanden das Meer in Aufruhr; der Sand lag, vom Wind zart gerillt, und sog die salzige Flut auf.

Wir gingen landeinwärts, ein Fussweg führte zwischen Wiesen und geschützten Obstgärten zu einem Dorf, welches wir sofort das »Verwunschene« nannten. Es war fünf Uhr, eine neblige Dämmerung. Wir erblickten die Dächer, hohe, strohgedeckte Pyramiden, manche breit, friesisch und aargauisch, andere steil aufragend wie die Steinbilder von Göreme, so reihten sie sich, bildeten Gruppen, standen hinter Gartenzäunen, tauchten da und dort aus dem Nebel. Schliesslich war es eine weitverstreute Gesellschaft, ein grosses Dorf oder die Erscheinung eines solchen.

Wir gingen weiter und sahen weisse Kuhschädel in Gärten an den Zaun gehängt; die Wege liefen zwischen den kleinen Anwesen hindurch, Zebus kamen uns entgegen oder standen mit gesenkten Köpfen auf den gefegten Vorplätzen. Dann kamen Gänse und Truthähne, Enten an einem breiten Bachlauf; schön gebogene Baumstämme liefen als Brücken zum grünen Ufer. Überall blühten Obstbäume und kleine Blumen auf den vom Vieh festgetretenen Wiesen. Kinder liefen über die Brücken, spielten im Gras, Frauen erschienen aus den niedrigen Türen ihrer Häuser; andere standen mit hochgeschürzten Röcken am Bachufer und wuschen. Das Dorf nahm immer deutlicher Gestalt an, füllte sich mit Leben, wie ein Traumbild, welches sich verdichtet und strebt, die graue Wand des Schlafs zu durchbrechen.

Wir besahen uns die sonderbaren Häuser aus der Nähe: Die Dächer waren so gross, dass sie, ausser den Mauern aus Balken und Lehm des Wohnraums, auch eine zwei- oder dreiseitige Galerie überdeckten; die befand sich im ersten Stock, darunter war der Stall, oder das Haus stand auf Säulen aus kreuzweise geschichteten Hölzern.

Wir gingen länger als eine Stunde im Dorf umher. Dann führte uns ein Mann auf den Hauptplatz, der auf einer Seite offen war und in Wiesen überging; auf der anderen befand sich der Basar, eine Reihe von Buden, Kaufläden und ein Friseurgeschäft. Beim Bäcker sah man in die runde Öffnung des Ofens und wie er die flachen, ovalen Brote schwungvoll an die glühenden Wände warf. Inzwischen wurde es Abend, die Luft war voll von warmer Feuchtigkeit, der Wind brachte in lauen Stössen die süssen Gerüche der Felder und den befremdlichen des Meeres.

Wir fanden unseren Weg wieder und gingen auf die Landstrasse zu. Das Dorf war verwunschen und verschwand.

Der nächste Tag war ein Feiertag. Wir fuhren nach Lahidschan, in die Gegend der Teekulturen. Chinesen wurden hierherberufen, um die Bevölkerung die schwierige, seit tausend Jahren von ihnen verstandene Kultur zu lehren. Man erwartet, dass, wenn erst die Teepflanzungen die Reisfelder ersetzt haben, auch die Malaria eingedämmt und wirksam bekämpft werden kann.

Des Feiertags wegen war die Landstrasse voll von Bauern, Reitern und Fussgängern. Mädchen in kirschroten Röcken und langen schwarzen Hosen sassen lachend am grünen Strassenrand; vor ihnen hielten zu Pferd die Burschen. Kinder liefen bunt gekleidet über die Wiesen. Wie Flaggen wehten weisse Kopftücher.

Jenseits unseres Lagerplatzes dehnte sich ein Moor aus,

mit schwarzem Wasser, schwarzen Weidenstämmen auf einer Insel und einem lecken Einbaum im Schilf.

Am Ufer standen die spitzigen Strohpyramiden und wirkten unheimlicher denn je.

Wir erreichten am Nachmittag den »Dschungel« von Rascht und setzten auf einem Floss über den Sefid Rud. Landleute warteten in Scharen auf die Überfahrt und lagerten mit Frauen und Kindern am Landungsplatz.

Man zog das Floss an Seilen ein Stück flussaufwärts. Kaum legte es an, da stürzten die Wartenden unter Geschrei auf die schmale Brücke; sie schoben und drängten einander und strauchelten auf den glatten Planken, das Boot füllte sich und schwankte leise unter dem Ansturm. Schon glitt es, von Stössen langer Stangen getrieben, schwerfällig auf den Fluss hinaus und abwärts dem anderen Ufer entgegen.

Am Nachmittag langten wir in der Provinzstadt Rascht an. Der Seidenhandel Nordpersiens spielt sich hier ab und auch der Handel mit Russland. Vor dem Krieg war Rascht wie Kaswin mehr russisch als persisch; die russische Sprache ist neben der türkischen und persischen bis heute am stärksten verbreitet.

Am Abend fuhren wir auf der grossen Strasse von Pahlawi. Da ragten die tiefen Strohdächer wie die Firste dunkler Zelte in den grossen, wolkigen Himmel. Wir sahen ein Feuer und Nomaden und kleine Lichter in den Buden des Basars. Dann wieder freies Land; aber nun waren wir schon sechzig Kilometer vom Meer entfernt, und es herrschte beklemmende Stille.

Als es dunkel wurde, kehrten wir um und fuhren nach Rascht zurück.

Wir brachen am folgenden Tag um sechs Uhr auf und fuhren im Tal des Sefid Rud südwärts. Im ganzen Küstengebiet hatten wir keine Kamele gesehen; nun trafen wir die Karawanen aus Täbris, Züge von grossen Tieren mit riesigen Häuptern und dickem, zottigem Winterpelz.

In viele schimmernde Arme verteilt, füllte der Fluss sein breites Bett. Pferdeweiden dehnten sich an seinem Ufer aus, Dörfer lagen an den Berghängen, ein Heiligtum auf der Spitze eines Hügels.

Als wir das Gebirge erreicht hatten, begann wieder die grosse Kahlheit.

Wir hielten kurz vor der Passhöhe, wo Bergketten in schwindelnder Ferne auftauchen und ein unendlicher Raum sich mit ihren glänzenden Kuppen und den wogenden Schatten ihrer Täler füllt. Eine Schar deportierter Kurdenkinder bewachte unsere Mahlzeit. Ein pockennarbiges Mädchen sass reglos ernst zwischen den Buben, die vor Kälte mit den Zähnen klapperten.

Um vier Uhr nachmittags erreichten wir Kaswin und fuhren durch die einförmige Hochebene nach Teheran.

Als wir bei einem Tell einen letzten Halt machten (der Hügel soll wie viele andere den Schatz des Iskander bergen), taten sich Mond und sinkende Sonne zusammen, und es entstand eine Fülle von wunderbar vielfarbigem Licht; der Himmel färbte sich dunkel, und Wolken standen neben den Gebirgen, stählern und greifbar über der Ebene. Diese aber breitete sich wie ein samtener Teppich aus; das Licht floss in sanften Wellen über sie, und sie erwartete die Nacht.

Persepolis

Die Fahrt nach Persepolis dauerte zwei Tage. Doch mussten wir immer bis tief in die Nacht hinein fahren, denn es regnete, und die Strasse war schlecht. Bäche stürzten über sie hinweg; Löcher, Gräben, richtige Flussbetten bildeten sich. Es gab Reifenpannen, man sass in der Dunkelheit am Strassenrand und flickte. Oder der Magnet wurde nass – das war ein grosser Ärger. Der Chauffeur nahm ihn fluchend heraus, deckte ihn mit seinem zerrissenen Rock, um ihn vor dem Regen zu schützen, und goss Benzin darüber. Wenn ein Reifen geflickt wurde, schmierte er Leim über den Flicken und zündete ihn an; es gab eine kleine Flamme, die sich rasch ausbreitete, und der Mann blies hastig, um sie wieder auszulöschen.

Bei all diesen Arbeiten half ihm das »verwahrloste Kind«. So hiess ein Junge mit einem Mongolengesicht und einem glattgeschorenen, dunklen Köpfchen. Er war vielleicht dreizehn Jahre alt, vielleicht schon siebzehn. Er hatte schwarze Augen und weinte oft. Unbeschreiblich zerrissen waren seine Kleider. Er band die Hose, oder was von ihr übrig war, mit einer Schnur zusammen, und aus den Schuhen sahen seine mit Lappen umwickelten Zehen heraus. Als wir von Teheran abreisten, besass er noch eine kleine, schmutzige Ledermütze; sie glich einem Melkerkäppchen und war ausgefranst. Er setzte sie auf, dann wandte er sich zurück und lächelte mich an, ein wenig beschämt und zärtlich: so empfand er seine Mütze. Der Chauffeur, sein Meister, hatte ein böses Herz. Er griff plötzlich nach dem Käppchen, riss es dem Buben vom Kopf und warf es auf die Strasse.

Als es kalt wurde, zog der Junge ein öliges und zerrissenes Stück Leinwand hervor und band es sich um. Er verknotete es fest im Nacken.

Er war sehr hässlich. Er hatte lange Affenarme, eine breite Nase, eine niedrige Stirn. Aber er verstand es, ergreifend zu lächeln.

Er war angestellt, Reifen zu wechseln, Wasser zu tragen, für Öl und Benzin zu sorgen. Ausserdem unterhielt er den Chauffeur. Er plauderte unentwegt und sang dazwischen. Er erzählte mit einer aufgeregten, hohen Kinderstimme, lebhaft, dramatisch, beifallfordernd. Wenn er sang, schlug die Stimme um und wurde tief und schwermütig.

Manchmal schlief er ein. Dann gab ihm der Chauffeur eine Ohrfeige, um ihn zu wecken, und er fuhr in die Höhe, rieb sich mit der schmutzigen kleinen Faust die Augen und erzählte schon wieder angeregt. Weiss der Himmel, was ihm immer einfallen mochte!

Er war für alles verantwortlich; deshalb wurde er viel geschlagen und hatte oft Ursache zu weinen. Dann geriet der Chauffeur in Verlegenheit, sass mürrisch am Steuer und vermied es, den leise und empört Schluchzenden anzusehen.

Ich warf ihm, sobald es zu regnen begann, meine Kurdendecke nach vorn. Er wickelte sich hinein und zog sie über den Kopf und sass wie in einem Zelt. Es stimmte ihn fröhlich, vor dem Regen geschützt zu sein, er sang heiter und lachte manchmal ganz ohne Grund.

Der Chauffeur war ein Opiumraucher. Er war jung und von Leidenschaften gequält. Er liebte den Verwahrlosten, aber er konnte es nicht lassen, ihn bei jeder Gelegenheit zu schlagen. Vor den Tschaichanes hielt er an, legte sich drin auf eine Bank und kam eine Viertelstunde später wieder heraus und brachte eine Wolke von süsslichem Opiumgeruch mit. Bleich sah er aus, misslaunig, die Haare hingen ihm in die Stirn. Der Junge half ihm, über das aussen am Wagen festgebundene Gepäck zu steigen. Dann kurbelte er den Motor an, und wir fuhren weiter durch den Regen.

Die Ortschaften sahen trostlos aus. Am Abend des ersten Tages kamen wir an einen richtigen, breiten Fluss; träg strömten gelbe Wassermassen vorwärts, mitten im Fluss lagen zwei Lastwagen wie niedergebrochene Tiere.

Der Verwahrloste ging ins Wasser; es stieg bis über seine dünnen Schenkel. Wir kehrten um und fanden einen Führer im nächsten Dorf, der uns eine Furt zeigte.

Um ein Uhr nachts kamen wir nach Isfahan.

Am nächsten Tag sahen wir einen merkwürdigen Ort. Er lag wie eine Festung auf einem langen, steilen Felskamm. Die Häuser sahen weiss aus, aber sie waren verwahrlost und zerfallen. Brücken führten vom Felsen über die Schlucht auf das feste Land hinüber. Auf einer Seite des Felsens lag ein grünes Tal mit vielen kleinen Wegen. Aus seiner frischen Farbigkeit stieg die Stadt schemenhaft empor.

Sie hiess Jasd-e Chast.

Gegen Abend erreichten wir das Dach von Persien, eine ungeheure Einöde. Ich glaubte, dass wir jeden Augenblick am Ende der Welt sein würden.

In der Dunkelheit fuhren wir hinunter, sahen ein Feuer in der Höhle einer Felswand, irrende Lichter von Hirten und aus Zelten rötlichen Schein. Felsen und Farnkräuter, eine gespenstische Gesellschaft, rückten uns nahe auf den Leib. Rechter Hand lag ein Sumpf; silberne Weidenbäume neigten sich schweigend über das dunkle Element, Scharen von Fröschen schrien ohrenbetäubend. Das verwahrloste Kind schlief; der Chauffeur weckte ihn nicht und sang leise, um die Gefahr zu bannen.

Persepolis lag am Ende einer neuen Ebene, seine Säulen ragten auf hoher Terrasse wunderbar in den bewölkten Nachthimmel, und der Name wurde Wirklichkeit.

Ich war am frühen Morgen auf der Terrasse und sah auf die Ebene hinunter. Die Strasse von Schiras durchschnitt sie wie die Bahn eines Pfeils und endete an blauen, verschwimmenden Bergketten.

Die Säulen der Säle und Paläste, ihre Tore, Höfe und Treppenaufgänge traten aus dem Schatten der Dämmerung tönend hervor. Was der königliche Name enthielt, nahm hier Gestalt an und verdichtete sich, wie durch einen einzigen Schöpfungsakt in endgültige und sprechende Form gebracht.

Die gleiche Reinheit des Stils, Unverletzlichkeit eines Weltbilds, die gleiche Schranke und Abwehr der Freiheit neben einer höchst raffinierten Technik und einem unfehlbaren Geschmack fand ich im Detail: in den gebäumten und verhaltenen Stierhäuptern, den ritterlichen Pferden mit ihren Glöckchen, Zügelringen und kunstvollen Gebissen, den schreitenden Kamelen der Tributbringer, den Reihen der Soldaten und der schmalen und anmutigen Hand des Blütenträgers.

Schiras liegt weiss, von dunklen Zypressen umrahmt, in einer grünen Ebene. Wir fuhren mit dem Lastwagen von Persepolis hinüber und erblickten die Stadt am Fuss des hohen, kahlen Passes. Sie ist reich an Heiligtümern. Drei Dichter liegen in ihr begraben, auch Hafis, der so viel Wein in all ihren Schenken und Gärten getrunken hat.

Auf den Hügeln ringsumher liegen kleine Moscheen mit spitzigen Minaretten, auch sie von Zypressen umgeben. Schiras ist, wie die Stadt Florenz in der Toskana, heiter und kunstsinnig, voll von Gärten und Brunnen.

Wir blieben den ganzen Tag in dem grossen Garten eines englischen Freundes und dachten an Europa.

Am Abend holte der Chauffeur uns wieder ab. Er hatte Benzin und Öl gekauft, und der Wagen fuhr schwerbeladen und langsam die Passstrasse hinauf.

Eines Nachts, es war gegen zwei Uhr, fiel es uns ein, nach Naksch-e Rostam zu fahren. Weshalb nachts? Die Begriffe der Zeit waren mir abhanden gekommen, und am hellen Tage hätten wir es nicht gewagt.

Der Weg war vom Wasser unterbrochen; mitten in sein steiniges, zerlöchertes Bett hatte sich ein Fluss gestürzt, die Ufer waren steil und brüchig. Gurgelnd lief das Wasser um unsere Räder, floss über das Trittbrett und unsere Füsse, als wir die Durchfahrt versuchten.

Lange rührte sich der Wagen nicht mehr; die Räder drehten leer und schleuderten das Wasser in hellen Garben von sich. Dann packte der Motor wieder an, und der Wagen sprang wie ein Tier die Böschung hinauf.

So erreichten wir nach einer Stunde die Felswand von Naksch-e Rostam.

Oben, in einer der Grabkammern, schliefen Wächter. Wir weckten sie mit lauten Rufen; da erschienen sie mit Lampen, sie leuchteten in die Tiefe, und das Licht glitt langsam über die Tributzüge und Besiegten, über die grosse schwarze Wand und wieder aufwärts zu den Königsgrüften.

Die Wächter holten ein Seil und eine Leiter und liessen sich einer nach dem anderen zu uns herunter. Sie trugen unsere *Pustine* und begleiteten uns mit ihren Lampen, als wir im Rücken der Felswand emporstiegen.

Es war halb vier Uhr, als wir oben ankamen; eine wunderbar klare Nacht. Vor uns fiel Naksch-e Rostam senkrecht in die Tiefe.

Wir wickelten uns in die *Pustine* und legten uns zum Schlafen nieder. Zuerst blendete uns der mit Sternen besäte Himmel; aber wir kehrten das Gesicht der Erde zu und schliefen gleich ein.

Zwei Stunden später weckte uns die Morgenkälte. Durchsichtiger Dunst lag über der Ebene; die Felsen waren noch grau von der Nacht, aber die Berge am Rand der Welt schwebten losgelöst wie grosse Segelschiffe durch das Meer des beginnenden Tages. Als die Sonne aufging, glänzte unten der Fluss wie ein schwarzer Spiegel.

Die Wächter brachten uns Tee. Wir stiegen mit ihnen hinunter zu den Gräbern, den edlen Königen, den Reiterkämpfern. Hirten halfen uns, den Wagen durch das Wasser zurückzubringen.

Kamelkarawanen reisen des Nachts. Sie brechen in der Stunde der Dämmerung auf und ziehen auf der grossen Landstrasse Persiens nordwärts, vom Golf über Schiras und Isfahan oder südwärts von Täbris und dem Kaspischen Meer gegen Teheran. Grosse und kleine Glocken hängen am Hals der Tiere oder seitlich an den Tragsätteln. Die Kleinen bimmeln ganz hoch, melodiös und traurig, die Grossen schlagen gleich heidnischen Gongs und dröhnen wie dumpfe Trommeln. Von weit her vernimmt man sie – erst wenn man ganz nahe ist, tauchen die wiegenden, langlippigen Tierhäupter auf, hinter ihnen, schweigend und verhüllt, die Gestalten der Treiber.

Es ist in der jetzigen Jahreszeit des Nachts noch ziemlich kalt. Aber aus alter Wüstengewohnheit ziehen die Karawanen nicht am Tag, sondern während der Stunden der tiefsten Dunkelheit.

Wir setzten, nach dem Abenteuer von Naksch-e Rostam, unsere nächtlichen Fahrten fort.

Es war eine wirksame Versuchung.

Denn was am Tag mit seinen gewöhnlichen Einteilungen und Mahlzeiten eben noch erträglich war, das entzog sich in der ungewohnten Abfolge von Abend, Nacht und Dämmerung vollends unseren Massen. Und liess sich im hellen Tageslicht die Grösse der Landschaft noch auflösen in Ebene und Hügel, Strasse und Bachlauf, Wiese, Feld und Geröll, so wurde alles des Nachts eine einzige gigantische Gestalt, und in der Morgendämmerung, kurz vor Sonnenaufgang, schien das Weltall greifbar und rollte sich majestätisch vom Nacht- zum Taggestirn.

Es kam leicht vor, dass Fassung und Gleichgewicht ausbrachen wie scheu gewordene Pferde. Ratlos und entfremdet stand man vor seinem nach Zeit und Kräften begrenzten Dasein … Dafür trat eine vage Hoffnung ein, dass man sich welttragenden und -bewegenden Mächten getrost überlassen dürfe. Sie zu erkennen gab zuerst das Gefühl einer grossen Freiheit, doch bald war man ermattet und sonderbar enteignet – wie konnte das zugehen? Ja, man sah bald ein, dass es galt, Verführungen zurückzuweisen und sich mannhaft zu behaupten. Denn wie sollen wir sonst den Kreis unseres Daseins überstehen, der sich am Ende schliesst?

Weisse Strahlenbündel blendeten uns auf der Landstrasse nach Pasargadae. Von weitem sahen wir die alte Königsstadt liegen, und das Grab des Kyros leuchtete in der Sonne wie ein Edelstein. Zwischen den Hügeln lief die Heerstrasse und verschwand im magischen Tal der blauen Segel; wie ein Fluss, der eine Strecke weit in unterirdischem Bett fliesst, so verschwand sie und tauchte bei der dritten Königsstadt, Persepolis, wieder auf.

Dann wurde es Nacht, und wir fuhren immer weiter, und die Dörfer waren erstorben; zwischen leprafarbigen Mauern schlugen Hunde rasend und wutentbrannt an.

Vor Benzinstationen stauten sich Lastwagen wie eine Traube in der engen Gasse. Feuer brannten, Lampen und Samoware leuchteten aus dem Inneren der Tschaichanes.

Zerfetzte Buben liefen mit den schweren Benzinkannen hin und her; die Chauffeure polterten aus der Teestube, öffneten die Haube ihres Motors und beugten sich prüfend darüber. Kinder hielten das Licht. Auf Zehenspitzen schlichen Bettler umher und lallten eintönige Klageweisen.

Wir fuhren wieder; die kahle Landstrasse war eintönig, und wir füllten sie mit dem Brausen unseres Motors.

Ich fuhr nicht mehr mit dem verwahrlosten Kind. Der Architekt von Persepolis begleitete mich, und wir fuhren im grossen Wagen der Expedition.

Um uns wach zu halten, erzählten wir uns kleine Geschichten und agierten und lachten wie Schauspieler. Ringsum stand uns steinernes Schweigen entgegen.

Spät in der Nacht lag unter uns Isfahan, mit weitverstreuten Lichtern. Man erkannte den Fluss und fuhr durch die dröhnende Brückengalerie. Bleich glänzte darunter das Wasser.

Wir blieben den folgenden Tag und sahen Meidan-e Schah, den klassischen Poloplatz: Von dem durch Holzsäulen getragenen Dach des Hohen Tores aus waren seine Ausmasse atemberaubend. Wir gingen in die schöne Moschee Lotfollah und erfreuten uns an den zarten und köstlich gerankten Ornamenten seiner Mosaike aus Persiens bester Zeit; wir gingen in die Masdsched-e Schah des Afghanenbefreiers (mehr ein Monument als ein Kunstwerk) und in die Freitagsmoschee, Masdsched-e Dschame; sodann in das dörfliche Harun-e Welajat: In weissen Wandnischen waren dunkle Heilige gemalt, Reiter vor einer romantischen Landschaft, und mitten im sauber gefegten Hof hing an bronzener Kette eine Lampe. Fromme beteten dort und tranken Wasser aus einem alten Brunnen.

Auch Tschehel Sotun verfehlten wir nicht. Der Name bedeutet »Vierzig Säulen«, doch sind es in Wirklichkeit nur zwanzig, ein von zwanzig schlanken Holzsäulen getragenes Vordach – aber sie spiegeln und verdoppeln ihre Zahl in dem länglichen Teich, der sich wie ein Teppich vor dem Schlösschen ausrollt und blühende Kirschbäume zart gebrochen in sich aufnimmt …

Den Nachmittag verbrachten wir im Basar von Isfahan, der erfüllt ist vom Gehämmer der Kupferschmiede, vom Klopfen der Silberschmiede, vom Brausen der Blasebälge. Auf den Galerien trockneten Federschachteln und Buchdekkel und all die Arbeiten der Lackmaler in der Sonne.

Ein Miniaturenmaler zeigte uns die Darstellung eines Polospiels, die er in elf Monaten langer Arbeit für die Königin von England gemalt hat: Hundert Pferde in gestrecktem Lauf füllen den Meidan-e Schah, Pappeln begrenzen ihn, und die Säulen des Hohen Tores.

Um halb zehn Uhr abends fuhren wir weiter, die ganze Nacht hindurch.

Wieder folgten sich Pass und Ebene, kahle Landschaft, nächtlich blass, und Ketten, die sich als kühne Schattenwerfer in den meergleichen Horizont schoben. Auf den Höhen wehte ein frischer Nachtwind, dann glitt man hinab und folgte dunklen Flussläufen. Und so Stunde um Stunde, nur der Himmel wechselte und war bald wie ein samtener Vorhang, mit Sternen besät, bald von milchigen Wolken erhellt.

In den Tschaichanes, wo wir Tee tranken und harte Eier assen, lagen Chauffeure, in Teppiche gewickelt. Blasse Kinder holten heisses Wasser aus dem Samowar und bedienten uns schweigsam und erstaunt.

Um drei Uhr nachts blieben wir in einem Fluss liegen und arbeiteten wohl eine Stunde lang, um den Wagen wieder auf festen Grund zu bringen.

Erst gegen sechs Uhr begann die Dämmerung. Ketten tauchten auf und versammelten sich, vom dunklen Violett und fast schwarzer Stahlfarbe bis zum Gelb und zarten Blau. Fast in Wolken aufgelöst, trat – zweihundert Kilometer entfernt – endlich der Demawend hervor. Wir warteten auf einem Hügel, bis die Sonne, durch Feuergarben angekündigt, schwarz kreisend über dem roten Rand der Erde aufstieg.

Nun flossen Schatten und Licht übereinander hin; Wärme verbreitete sich, der kahle Boden färbte sich rosa.

Wir kamen nach Kum, der heiligen Stadt, und schon blendete die Sonne unsere übermüdeten Augen.

Dort gab es ein letztes Hindernis: Die Strasse war überschwemmt; man leitete den Verkehr durch die engen Basargassen, Lastwagen und Eselherden stauten sich und verstopften alle Adern. Wir warteten hinter einem Lastwagen eingekeilt, bis man sich entschloss, von jedem Chauffeur zwei Kran einzusammeln, um den Hausbesitzer am Ende der Gasse zu entschädigen; als das Geld beschafft und zur Stelle war, begann man dann munter, die störende Hausecke abzuhacken.

Wir erzählten uns nichts mehr. Die letzte Strecke war schlecht, das Steuerrad schlug in unseren Händen hin und her. Um zwölf Uhr mittags fuhren wir, ausgedurstet und verbrannt, durch das bunte Stadttor von Teheran.

Pahlawi, 15. April 1934

Pahlawi, ein Hafen am Kaspischen Meer. Man schickt von hier den Kaviar nach Europa. Russische Fischerboote liegen im Hafen, die Männer tragen Ölstiefel und pelzgefütterte

Kappen. Drüben, jenseits vom Meerarm, worin die Schiffe gut geborgen schaukeln, gibt es Amtsgebäude, eine Post, eine Bank und Gartenanlagen mit weissgestrichenen Holzgittern. Man fährt in kleinen Ruderbooten hinüber und bezahlt fünf Kran dafür.

Die Stadt hat ein Nebelgesicht. Sobald sich der Nebel verzieht, regnet es in langen Fäden. Den ganzen Tag brennen Öllampen in den kleinen Läden der Hauptstrasse. Es gibt Wodka zu kaufen und natürlich Kaviar.

Es regnet seit drei Tagen. Hinter mir, ganz eingehüllt in Wolken, Nässe, Wasserdampf und Nebelschwaden, liegt der Pass von Kaswin, das Hochland: Persien. Ich bin schon an der Grenze.

Soeben war der Chauffeur da, ein Armenier, und hat sich verabschiedet: Leute aus Russland sind angekommen, er muss sie nach Teheran bringen. Er war ein angenehmer Mensch.

Nun also ist er fort.

Der Nebel sinkt jetzt so dicht, dass man im Hafen die Schiffe nicht mehr erkennen kann, nur die auf und ab schwankenden Maste. An einem Mast hängt nass und schwer eine rote Fahne. Obwohl man ihn für einen Gespenstermast halten könnte, gehört er zu einem russischen Dampfer, und mein Billett lautet auf seinen Namen.

Heute nachmittag um vier Uhr fährt das Schiff nach Baku.